Théâtre

Vladimir Maïakovski

Théâtre

VLADIMIR MAÏAKOVSKI
LA PUNAISE
LE MISTÈRE-BOUFFE
LA GRANDE LESSIVE

Traduit du russe par

MICHEL WASSILTCHIKOV

Bernard Grasset
PARIS

De l'importance d'être Vladimir

Rien ne coule dans cette œuvre, ni ne chante, elle ne procède pas de la nature, elle explose, elle n'en finit pas d'exploser, rythmes heurtés, images hétéroclites, morceaux de puzzle jetés par un joueur excédé. Œuvre d'une voix pour instrument bien ajusté, elle ne propose pas de message intelligible, elle impose un style, celui de l'époque même. Le plus sincère des faux prophètes condense la langue parlée en sur-paroles. Bardamu racontait, Maïakovski promet l'avenir gagé sur l'explosion du verbe.

Un gamin de six ans, caché dans une jarre à vin en terre cuite, déclame un poème et demande, déjà soucieux de ses effets : « Comment est-elle, ma voix? »

Marina Tsvetaeva, qui avait la myopie sélective, s'y laissa prendre : « Maïakovski, voilà ce qu'il en est. Ce jeune homme sentait en lui une force dont il ne savait rien, il ouvrit la bouche et dit " Moi! " On lui demanda : " Moi-qui? " Il répondit : " Moi : Vladimir Maïakovski. " " Et Vladimir Maïakovski, qui est-ce? " " Moi. " Et puis plus rien. Et plus loin, plus tard – tout. » L'unité d'un nom et d'un moi n'est pas donnée, il n'est pas toujours donné à la volonté de maintenir la bonne distance et cela s'appelle destin.

Avant, un enfant naît dans un monde amical et solide : une maison unie, un père de cœur, une mère de tête, un foyer rayonnant, des chevaux, une demeure modeste mais dans une forteresse en ruine... Les lampes électriques qui s'allument aux confins de l'Europe annoncent le bonheur universel et la fin de l'histoire. Une nouvelle classe est née, l'intelligentsia, qui prend conscience d'elle-même et sent des ailes lui pousser. Le chef de famille appartient à une lignée de gentilshommes de service qui n'ont jamais eu de serfs sous leur coupe. Officier de la couronne, il veille sur quatre-vingt-dix mille hectares de forêt géorgienne et dépense le plus clair de son traitement en fumées d'hospitalité. « Après moi, dit-il, mes enfants auront de l'instruction, rien de plus. » Il meurt d'une piqûre d'épingle rouillée, comme Semmelweis, à quarante-huit ans.

C'est la fin de l'enfance, l'écroulement d'un monde. Déplacé, déraciné, déclassé, Maïakovski ne portera jamais la casquette à liséré rouge, privilège de la noblesse. Il a treize ans quand le clan quitte la Géorgie pour Moscou avec la mère et les deux sœurs, il découvrira cette Russie dont on avait rêvé, les villes tentaculaires, les paysages de plaine, la pauvreté, les logements étroits, l'action révolutionnaire, la peinture, la prison, lui-même et la poésie.

On l'enfermera pour action clandestine, menées subversives, complots, complicité d'évasion, lectures interdites, détention d'armes. Les amis de ses sœurs y sont pour beaucoup. Son autobiographie explique : « Frappé pour toute la vie par l'aptitude des socialistes à démêler les faits, à systématiser le monde. » Il témoignera toute sa vie d'une aptitude contraire.

Il sortira de prison en 1908 après quelques mois, sauvé par son âge, après avoir beaucoup lu et rempli un cahier de poèmes enflammés. Confisqué. C'est de la prison que date la grande illumination : la poésie existe et elle ne veut pas qu'on écrive : « Debout, peuple ouvrier, dresse-toi », etc. Devant l'art de la révolution, larmoyant, grandiloquent, et, somme toute, d'une méchanceté sinistre, il s'écrierait volontiers : « A bas le pompier ! » Ce qu'il lui faut, c'est la révolution de l'art, qui va naître de cette rupture féconde.

Toute la Russie impériale et bien-pensante – pieuses lectures, nobles pensers – regarde avec horreur ces jeunes gens insolents, visages peints en guerre et tenues extravagantes, qui se disent futuristes et font des vers sur les pissotières et les avions. La contre-culture marche fort, Merejkovski écrit : « Le mufle vient. » Plus tard, Lénine n'aura pas d'autres mots pour Maïakovski. Pour l'heure, il rejoint; toute sa vie, il rejoindra un groupe, un clan, une coterie ou une famille pour y prendre la plus grande place. Le futurisme donnera à cet adolescent paralysé par la timidité, l'intelligence du cabotinage et un programme d'action : épater le « bourgeois ». Il va, le bouclier peint à faire peur, et cultive la foi dans l'avenir, pour écrire plus tard : « Je suis peut-être le dernier poète. » Enchanteur pourrissant, prisonnier d'un amour mort, englué dans le circonstanciel, le quotidien, l'actualité jusqu'à s'y perdre, il revendiquera l'immortalité comme par désespoir. « Impossibilité des corneilles », dit Kafka.

Sa première pièce, Vladimir Maïakovski, *inédite en français, révèle une attitude constante : traverser la rampe pour toucher au vif non des bourgeois caricaturaux et abstraits, mais les détenteurs d'autorités morales, les chargés de vertus civiques, les porteurs de culture et les spécialistes des « valeurs » qui réagissent en conséquence : « Fous! Crétins! Escrocs! A la garde! Au voleur! Jocrisses! » Et inévitablement : « Remboursez! » Le* Journal de Saint-Pétersbourg *demanda : « Qui est fou : le public ou les futuristes? » Personne ne s'interroge sur l'enjeu du conflit qui travaille obscurément l'époque : qui contrôlera demain les lieux de parole et les sources de pensée? Sinon quelques hommes de contestation comme Péguy : « Il y a un immense et perpétuel entraînement d'un personnel, de tout un personnel ouvrier pauvre et misérable par tout un personnel bourgeois; même ceux qui ne sont pas proprement et particulièrement des meneurs, même ceux qui sont sincères, même les fois où ils ne sont pas des meneurs, ne peuvent s'empêcher de parler à leur auditoire un langage d'entraînement; cet entraînement réside au cœur du discours; il en donne le ton, il en fait le sens, il en est le génie, au sens profond où l'on dit le génie d'un langage. »*

La force, ou l'intuition, qui conduit Maïakovski à la conquête de cette position centrale modèle toute sa vie, ses tentations et ses échecs, on la sent à ses effets et jamais il n'y parvient, sinon dans la mort. En 1913, Vladimir Maïakovski, *cette tragédie pour personnages à deux dimensions, dessinés sur toile encadrée et portés par des acteurs réduits à la voix, est une œuvre narcissique et sans action, où l'auteur seul « joue son propre rôle ». En filigrane, on devine la présence de Velemir Khlebnikov, le maître et l'ami, qui vit en clochard pour affranchir le langage des fonctions de la parole et se passionne pour la numérologie, aussi libre des circonstances, des attaches et du sexe que Maïakovski ne l'était pas, et qui meurt « président du globe terrestre », en soignant des paysans misérables au hasard des chemins, en 1922, l'année même où le « grand poète prolétarien » part pour son premier voyage en Europe. Ils n'étaient plus amis, mais c'est à lui encore que Maïakovski songe pour équilibrer* la Grande Lessive*; le maître des machines à surmonter les pesanteurs et l'usure du temps, le savant fou sera peint d'après le poète échappé des « maisons de charité ». Le nom même du personnage permet de l'identifier. En russe,* maiak *est un mot qui désigne le phare et* tchoudak *le farfelu. Khlebnikov n'aimait guère qu'on en fasse usage pour lui, mais il était mort et l'étymologie poétique s'imposait.*

Maïakovski naît en juillet dans la maison du Cancer. Sa dernière arrestation : juillet 1909. En juillet 1915, Lili et Ossip Brik ouvriront leur porte au voyou extravagant, qui se souviendra plus tard : « La plus joyeuse des dates. »

> Le ciel
> bleu oublié hors les fumées d'usine
> guenilles en fuite nuages
> mon dernier amour sera leur teinture
> vive comme une joue phtisique.
> (« La Flûte des vertèbres »)

C'est un ménage moderne, bourgeois, pour une fois le mot tombe juste. Un ménage d'héritiers, marxiste, fortuné, oisif;

la femme admire l'impuissance intellectuelle du mari qui n'a que respect pour sa frigidité. L'amour sera libre, la poésie blanche, le sexe sans conséquence sinon sans utilité et l'émasculation joyeuse dans les commencements. Le premier grand poème qu'inspire cette passion s'intitule « Un nuage dans la culotte ».

Voyez, – je suis cloué au papier par les mots.

Le poète sait que la mort existe, plus proche de Werther que de Goethe, plus il déclame, moins il surmonte, et plus il s'enfonce, il le sait, mais « la reine éblouissante du Sion hébreu » ne ressemblait guère à Charlotte.

« Elle savait être dolente, féminine, capricieuse, orgueilleuse, vide, inconstante, amoureuse, intelligente, n'importe quoi, enfin », écrit Victor Chklovski. Paul Morand n'infirme pas le portrait, mais le stylo égratigne : « Vassilissa Abramovna était, bien entendu, au rebours de sa renommée de femme étrange. Du titre de charmeuse, trop publiquement donné, quelle femme ne se trouverait abaissée? Ce n'est pas qu'elle négligeât d'être folle – ici, comme ailleurs, certaines aiment ce qui leur va le plus mal –, mais elle l'était sans effronterie, avec de l'effacement et du respect pour l'austérité spartiate qui nous entourait. Je m'attendais à quelque chose de plus haut en couleur. Je fus charmé d'être déçu. Les événements n'avaient été pour elle ni un élargissement ni un trépas, et à ceux qui la fréquentaient elle continuait le don de sa souplesse et de sa douceur rudimentaires. Ce n'était pas quelqu'un de moderne. En des époques troublées, cela me parut plus précieux que tout. »

L'épisode moscovite de l'Europe galante [1] *décrit la vie commune et trop quotidienne, non dépourvue d'une louche douceur, du faux ménage à trois. En un instant, l'œil de mouche reconstitue le puzzle Brik, sans soupçonner l'existence d'un personnage muré en lui-même, du côté de chez Vladimir.*

1. Paul Morand, Les Cahiers Rouges.

D'autres témoignages éclairent la personnalité d'Ossip Brik, l'ironique conseiller secret, Méphisto de groupuscule, qui fut conseiller juridique de la Tchéka et théoricien du néant dans sa version moderne. Survivance de l'ère bourgeoise, l'art est mort, vive le design! Si Pouchkine n'avait pas écrit Eugène Onéguine, *un autre l'aurait fait, soyons-en certains. La belle affaire! La poésie, ça n'existe pas.*

Maïakovski, qui devient chantre, porte-voix, éditorialiste et publicitaire, peut seulement répéter son « Et pourtant elle existe ». On l'entend assez, mais quelles voix entend-il quand la censure est domiciliaire et le foyer ce bureau de police que Pasternak appelle maison de charité? Fidèle au communisme, il reste fidèle à l'enfance, ce temps de l'action, de l'aventure, ces risques réels et imaginaires qui vous incendient l'âme.

Qu'aurait-il à redire si la police qui surveille ses amours à Montparnasse n'est pas parisienne, si Lili Brik juge utile de distraire quelque temps un Agranov, policier de haut rang, « visage de vierge et cœur de serpent »? Les chroniqueurs retrouveront cet estimable fonctionnaire quelques années plus tard, dans le train spécial qui emporte à Leningrad Staline, Vorochilov, Molotov et Jdanov après l'assassinat de Kirov. La vie sociale aussi a besoin de metteurs en scène...

Et le poète lui-même, qu'en reste-t-il? Boulgakov, un partenaire de billard, décrit la « monstrueuse bouche carrée, la voix de basse fêlée qui lance des mots comme des pavés » dans un meeting spontané contre les monstrueuses manœuvres de lord George Curzon.

Jusqu'en 1930, quand elle se taira, la voix des poètes ne porte pas témoignage pour la nature des choses, l'état des sentiments ou le monde rêvé, sinon sur un mode oblique; elle est le moyen nécessaire, et autorisé, d'une entreprise de transports en commun. La nouvelle vérité veut plaire, elle sollicite, sérieuse comme un joueur de poker. Le poète crée pour son auditoire quelques instants d'intensité, un ailleurs provisoire dans une relation passionnelle et confuse.

Nadiejda Mandelstam se souvient :

« Pasternak prodiguait simplement son sourire et sa voix. Les grandes orgues donnaient comme s'il jugeait le terrain labouré d'avance, prêt à le recevoir. Il ne voulait pas convaincre comme Biély, ni heurter des opinions, comme Mandelstam, c'était une fête de sonorités graves offerte aux auditeurs admiratifs. Il semblait donner un récital, comme si Moscou lui appartenait depuis l'enfance et lui fournissait un auditoire déjà mûr, doué d'oreille et de raison et absolument amoureux de sa voix. Dans une certaine mesure, il tenait même compte de cet auditoire, s'abstenant de lui causer nulle peine. »

Plus tard, Pasternak lui-même déchiffrera ainsi le rite : « J'ai éprouvé un sentiment de honte devant la facilité sybaritique des triomphes remportés sur les tréteaux. Il suffisait alors de paraître à la tribune pour déchaîner des applaudissements. Il y avait là une seconde vie odieusement clinquante, artificielle et mensongère, qui menaçait de s'emparer de moi, et lorsque j'en ai pris conscience, je me suis détourné de cette voie. »

Maïakovski, qui n'était pas l'homme des retours sur soi, évoquera à sa façon les sentiments en jeu dans la parole poétique, décrivant son propre mutisme dans une réception à New York : « L'Américain ne se doute pas que dans mon silence je fabrique convulsivement des phrases en un anglais sauvage, un super-anglais :

« – This weight please five double arm strong...

« Il me semble alors que ces ravissantes jeunes filles aux jambes interminables cèdent au charme de ma diction, mon esprit les ravit, la profondeur de mes pensées les emporte, elles ne résistent plus pendant que les hommes maigrissent à vue d'œil et sombrent dans le pessimisme faute de me surpasser... »

Maïakovski est bien là, mais pas entier, ni sa lucidité, ni sa tristesse. Il sait lui aussi que la poésie, c'est d'abord un style qui affirme l'être, le multiplie, étend ses prises en construisant son propre mouvement, qui organise sa pous-

sée, accrochant les mots comme des wagons. L'œuvre doit extraire l'or de la boue, étendre l'azur, rayonner, retentir et concentrer, contemporaine des Curie, l'énergie prise à l'obscur, au minerai inerte. Tout en marchant, dit Céline, tout en creusant, répond Maïakovski. Parfois l'impossible remise en ordre des signes du cœur tourne au procédé, comme la politique de ces démiurges qui veulent assurer le salut du monde, ou peut-être le détruire, par jeux de mots, acrobaties, pirouettes, pétards, hasards et bonheurs – pyrotechniciens pour l'oreille, qui tirent leur matière de la fin du monde.

« Je suis enclin à penser que les racines de ma poésie ne sont pas séparables du sol russe, mes vers sont donc intraduisibles, sur toute la surface du globe habité.

« La révolution a jeté dans la rue le parler mal dégrossi des masses, le jargon des faubourgs coule dans les boulevards du centre, le langage débilité de l'intelligentsia avec son vocabulaire émasculé : " idéal ", " principe d'équité ", " divinité ", " image transcendantale du Christ et de l'Antéchrist ", ces murmures de restaurant sont laminés, vient une nouvelle nature de langage. Comment le poétiser? Les vieilles règles, les " roses écloses ", l'alexandrin, rien ne va plus. Comment employer la langue parlée en poésie, comment extraire la poésie de ces bavardages? (...). Donner d'emblée l'ensemble des droits civiques à la nouvelle langue : plus de mélodie – le cri, plus de berceuses – le tambour (...). Se déployer suivant toutes les règles du combat de rue, que les ouvriers insurgés occupent le télégraphe, les arsenaux, les banques... »

Pour son traducteur en allemand, il ajoute : « Comment pourriez-vous traduire mon rythme échevelé, mes mots qui se heurtent, les phrases qui courent comme fourmis, les injures et les malédictions, les chants de marche et les gaudrioles, la langue parlée et la révolutionnaire? Habiller tout ça d'un vêtement étranger? »

Et cependant :

« Si on vous dit que mes vers sont intraduisibles, ne le croyez pas, pas même moi ! »

Personnage présent aux autres, sinon captif, Maïakovski appartient à leur monde par sa voix, son corps, le scandale de son existence. Les outrances, les véhémences, les séductions qu'il prodigue donnent à sa légende un poids d'être supplémentaire, mais le garant de la nouvelle prophétie n'en tire pour lui-même qu'un sentiment d'atroce précarité. Trouble-fête ou fauteur d'ordre, une contrainte l'habite : avoir réponse à tout, et une impossibilité intérieure : l'homme qui s'échange contre tout en paroles, qui peut être la colonne Vendôme, un ours, une usine entière, un phare ou Christophe Colomb ne s'échange contre personne.

Comme Pasternak, il voudrait un auditoire-miroir, mais parfois le miroir parle. A l'auditeur qui demande dans un billet :

« Quand on a du vide dans l'âme, il y a deux solutions : se taire ou vociférer. Pourquoi choisir la seconde? »

On répond vite :

« L'auteur du billet oublie la troisième : écrire des billets stupides... »

Mais entre le moi enfin seul, sans masque et sans paraître, et le moi masqué, sans racines, comme flottant, la fracture croît, et la zone de silence, domaine interdit à soi-même.

J'ai tendu mon âme comme une corde
jongleur de mots je marche sur le vide.

Entre Vladimir et Maïakovski, le vide devient un abîme. Pour les Maïakovski, la Brik est une pas grand-chose; les Maïakovski ne sont rien pour les Brik, qui toujours se rangent du côté de la machine politique, des bureaux. Khlebnikov avait rompu. Pasternak évite une maison tenue par les sans-parti pour un havre de la sécurité. Il écrira en 1928 dans une enquête à propos du LEF, groupe animé par Brik et Maïakovski : « Le LEF me consternait et me repoussait par son soviétisme excessif, sa servilité oppressante, sa tendance au chambardement, un chambardement légal, mandat en main... »

Les bureaux élaborent à Moscou la solution marxiste de la question paysanne : l'anéantissement. Le parler public, sinon privé, sera mis en scène. Les paysans sont nommés des koulaks. La grande terreur peut commencer.

La lutte pour le gâteau, la part de pouvoir culturel, menée par des groupes rivaux qui se dénoncent avec bonne conscience, prendra bientôt fin. On proposait à l'ancienne intelligentsia le clientélisme, l'émigration, l'expulsion; la voilà placée devant la fonctionnarisation, la déportation ou la disparition. Une nouvelle élite prend place, qui n'a pas les préjugés, les délicatesses et les déliquescences de l'ancienne. Les certitudes de l'être, le sens du réel, l'autonomie des œuvres et de la personne sont abolis dans le même mouvement. Il n'y a d'autre raison que celle de l'État. La circulation, la valeur, l'être même des œuvres sont fixés par les bureaux, comme la vie des auteurs. Les idées inouïes, les surprises verbales, l'insolite des images et les subtilités du rythme sont promis à la zone de silence. Jeux de glaces et grelots, l'accord entre l'expérience intime, l'indéfini douloureux de l'adolescence, l'imagerie personnelle et les ressources, les rumeurs, les secrets du langage est frappé d'obsolescence.

Tout poète déplace des mots sans qu'il sache comment ils éveillent en lui le sentiment d'une présence indéchiffrable, d'une réalité unique. Le monde des autres, trop extérieur, trop quotidien, n'est qu'un lot de figures mal ajustées qui laissent à désirer et n'en font qu'à leur tête. Ce moi qui sautille sur l'échiquier et qu'on joue sans que je le veuille, est-ce encore moi?

C'est alors que Maïakovski revient au théâtre. Il avait commencé son action publique par le défi :

Votre pensée
se vautre
sur une cervelle déliquescente
je brandis pour l'irriter
un chiffon de cœur sanglant.

Et son théâtre répond à la même économie : un cœur contre les monstres. C'est par là qu'il atteint au tragique en acte. Les ménagements, les violences, le labyrinthe, toute la logique de l'œuvre réveille une logique antagoniste, celle du politique.

Un régime fondé sur la violence peut se passer d'un sacre que l'Église, la volonté démocratique ou l'ordre des choses lui refuseraient. Quelle autre autorité que lui-même pourrait-elle le reconnaître ? La légitimité que revendiqueront les enfants de Renan au pouvoir sera donc celle de la raison ; c'est aux écrivains qu'on demandera de l'énoncer. Libres et à la botte. Toute la littérature russe sera placée devant cette ardente mais étrange obligation. En écrivant la Lessive, *Maïakovski, sûr de la forteresse qu'il s'est bâtie, amoureux, parisien, croit manier le scalpel thérapeutique au nom du bolchevisme pur et dur ; en fait, il expose les mécanismes d'une légitimation mensongère. Quinze ans plus tôt, Gorki, le grand Instituteur, disait sans gentillesse : ce jeune coq pourrait bien faire couac... En attendant que le vieil homme vienne cautionner les bagnes rédempteurs où se forge l'homme nouveau, la police bricole.*

Rien ne se perd dans les services de police, rien ne s'y crée, en principe ; ses procédés sont ceux de la nature, jusqu'au moment où le pouvoir est à elle sans partage. Alors l'imagination lui manque devant l'immensité de la tâche. Habituée à manipuler le concret et ses signes conventionnels, il lui faut inventer des signes de fiction, supprimer toute concurrence en imposant son monopole. Le secret d'État policera jusqu'à l'esthétique, qui appelait vérité la distinction entre les opérations du vivant et celles de l'esprit.

Lili fut épargnée quand le général Primakov, le nouvel ami sérieux, disparut dans les purges ; Staline raya son nom sur une liste de condamnés avec l'annotation : « Veuve de Maïakovski. » La légende institutionnelle, fabriquée dans les laboratoires de police et les ouvroirs de la pensée universitaire, allait prendre son vol.

La dramaturgie, « applicable au siècle et aux gens qui y font la principale figure » comme on disait au temps de l'abbé de Pure, n'a plus cours et seule la fiction estampillée sera tenue pour vraie. Le réalisme socialiste est inventé, folie qui subvertit le monde des hommes au gré des bureaux. La novlangue naît et le langage naturel entre dans la clandestinité.

Il y a de tous temps quelque chose de pourri au royaume du Danemark. Un fou nommé Ajar contresigne sa folie quand il écrit : « Le Danemark est le pays le plus honnête et le plus courageux du monde. C'est le seul pays digne du mot " civilisation ". »

Quand cette folie impose à une société ses canons et ses masques, elle n'entend pas être dépouillée de ses pouvoirs par un acte de lèse-fiction. Il y faut l'aveuglement de l'esprit, la démesure, au moins une erreur de jugement. La rampe abolie, le spectacle est dans la salle, la souricière dans la tragédie, mais l'action, toute dehors : il n'y a pas de lampistes au Danemark, ou plutôt tous les lampistes se sentent Claudius et réclament comme lui :

« Lumière ! Lumière ! Partons ! ».

Dans la tragique histoire d'Hamlet, la représentation du crime annonce la mort du héros. La mort de l'auteur achève la Lessive *qui montrait le triomphe de la fantaisie créatrice sur les puissances de mort.*

L'image de soi construite pendant vingt ans et que la foule réverbérait sera reprise par le néant et c'est une mort plus sûre encore. Vient le dernier moment, trop intense pour une rêverie, fugitif, chargé de foudre. Déjà un pied dans le songe, « l'archange aux pas pesants » a pu penser que l'immortalité du poète ne procède pas du poème, mais d'un geste qui frappe, déconcerte et fascine l'imagination des vivants.

Quand le dégoût de vivre emporte tout, il suffirait d'une ruse de l'esprit pour transformer l'échec. « La source de la gomme est dans l'arbre et non dans le couteau qui éraille la peau », observe Stendhal qui propose un remède ascétique :

SFCDT. Mais se foutre complètement de tout, c'est trop pour un tribun de l'esprit.

« Napoléon est mort, se dit Octave de Malivert. Je mourrai. »

Pouchkine s'est fait tuer, l'alter ego, le père fondateur, le seul vrai rival, sa mort est un hommage au pouvoir des médiocres, mais elle assure d'un seul coup sa fortune posthume. La hantise de la catastrophe, les complaisances scabreuses, les tortures du cœur – tout est forclos par le dernier défi. L'homme au visage de vierge aura sa part, le cadavre est à lui, la mascarade funèbre et les dernières photos, pendant que Lili court brûler les lettres des rivales : exécution testamentaire. Le prince Hamlet garde pour lui le dernier mot : « Croyez-vous qu'il soit plus aisé de jouer de moi que d'une flûte? Donnez à l'instrument que je suis le nom que vous voudrez, vous pouvez le retourner dans tous les sens; mais le faire chanter, non pas. »

Michel WASSILTCHIKOV.

VLADIMIR MAÏAKOVSKI

Tragédie en deux actes

AGISSANTS

VLADIMIR MAÏAKOVSKI (poète, de 20 à 25 ans).
SON AMIE (de 5 à 10 mètres. Silencieuse).
VIEUX CHATS NOIRS ET SECS (plusieurs millénaires).
L'HOMME SANS ŒIL NI JAMBE.
L'HOMME SANS OREILLE.
L'HOMME SANS TÊTE.
L'HOMME AU VISAGE DISTENDU.
L'HOMME DEUX BAISERS.
LE JEUNE HOMME COMMUN.
LA FEMME PETITE LARME.
LA FEMME GROSSE LARME.
VENDEURS DE JOURNAUX, GAMINS, GAMINES, *etc.*

PROLOGUE

C'est trop fort pour vous,
moi, si calme,
sous l'orage des rires
je porte mon âme sur un plat
au festin des jours futurs.
Coulant comme une larme vaine
sur le poil des places publiques,
peut-être suis-je
le dernier poète.
Avez-vous remarqué?
Dans les allées de pierre
le visage zébré de l'ennui
vacille au bout d'une corde
et les ponts lèvent des bras de fer
sur l'écume des fleuves au galop.
Sonorités,
le ciel sanglote
sans retenue,
une grimace tord
la commissure du nuage
telle une femme après l'attente
qui reçoit du ciel un avorton;
le soleil aux doigts dodus
poils follets
vous caresse,
odieux comme une mouche,

vous, esclaves épuisés de baisers.
Impavide,
je porte dans les siècles haine aux rayons diurnes –
nerf électrique –,
mon âme est tendue, je suis le roi des lampes!
Venez à moi vous tous
qui brisez le silence,
vous qui criez :
midi nœud coulant trop serré!
Venez, avec des mots
simples comme mugir,
j'ouvrirai pour vous
nos âmes neuves,
crépitant comme un arc électrique,
je vous toucherai à la tête
et vos lèvres pousseront
pour d'énormes baisers,
vos langues
propres à tous les peuples
et moi, boitant de l'âme,
j'irai vers mon trône sous des voûtes trouées d'étoiles,
je m'étendrai,
lumineux,
vêtu de paresse
sur une couche molle de vrai fumier
paisible,
serrant les genoux des traverses
et la roue d'une locomotive
me prendra par le cou.

PREMIER ACTE

De l'ambiance. Côté jardin, un fourmillement de rues. C'est la fête des pauvres. V. Maïakovski est seul en scène. Les passants apportent des nourritures : un hareng jaune décroché d'une enseigne, une énorme couronne de pain doré, une draperie de velours jaune.

V. MAÏAKOVSKI

Messieurs, messieurs !
Veuillez repriser mon âme –
le vide s'infiltre.
Comment savoir,
un crachat, est-ce injure ?
Sec, je suis sec comme une femme de pierre,
vidé comme une vache.
Le voulez-vous ?
un merveilleux poète
pour vous dansera.

(Entre Vieux chats noirs et secs. C'est tout barbe. Caresses aux chats.)

V. MAÏAKOVSKI

Cherchez les gras aux maisons escargotes,
rythmez la joie sur les cuivres des panses,
prenez par les pieds les sourds, les stupides,
gonflez leurs oreilles comme naseaux de flûte,
brisez le fond aux futailles de haine.
Moi, je ronge idées comme pavé rouge
aujourd'hui levez vos verres,
je ceins ma couronne de folie.

(La scène peu à peu se remplit. L'homme sans oreille. L'homme sans tête et les autres. Obtus, en désordre, ils ruminent.)

V. MAÏAKOVSKI

Gueux diamantaire, tailleur de rimes,
troussant les couettes en belles demeures,
j'allume la fête universelle
pour vous, riches gueux pittoresques.

VIEUX CHATS

Laisse,
les sages n'ont que faire de hochets comiques.
Je suis un vieillard millénaire.
Je vois en toi une croix de rire
qui porte un cri de douleur.
Une immense peine est tombée sur la ville
des centaines de petites peines.
Querelle et tapage, des bougies, des lampes
éteignent le murmure des aubes.
Nul, le pouvoir des molles lunes,
les fringantes lanternes ont plus d'éclat pour nous.
Des choses sans âme ont seigneurie
au pays des villes,
elles complotent notre perte.
Du haut du ciel, pris de folie,
un dieu regarde hurler la meute des hommes,
les mains dans les mèches folles de sa barbe,
rongées par la poussière des routes,
Dieu est dieu
annonceur d'expiations cruelles,
et vos âmes usées ne sont que soupir.
Laissez-le!
gonflez vos panses arrogantes
et les brioches de vos joues grasses.
Sus aux chats,
luisante laine de corbeau,
capturez l'étincelle électrique de leurs yeux,

ce n'est pas ce qui manque,
énergie débitée par le réseau des muscles,
que les trams tournent,
que les drapeaux des lampes illuminent la nuit :
Le monde va bouger, maquillé de joie,
aux fenêtres
les fleurs pavoisent,
on traînera les hommes sur les rails
et les chats noirs suivront,
les chats, les chats !
Épinglons mille soleils
au corsage de nos belles,
forgeons les étoiles
en barrettes de diamants.
Laissez vos logis !
Allez, qu'on caresse
les chats, les chats
noirs et secs.

L'HOMME SANS OREILLE

C'est bien vrai !
sur la ville,
voyez, dressées les hampes des drapeaux,
la femme,
des gouffres noirs sous les paupières,
va, frénétique,
couvrant les trottoirs de crachats,
c'est l'origine de grands éclopés,
une faute ignorée est expiée sur la ville,
les hommes s'attroupent et fuient.
Entre les papiers peints,
les ombres du vin
un musicien mangé de rides
pleure sur son piano.

(On l'entoure.)

Le dit des douleurs s'amplifie sur la ville.
On veut prendre une note –
les doigts saignent.
Les dents blanches de l'instrument rageur
sont fermées sur les mains du pianiste.

(Émotion générale.)

Aujourd'hui
dès l'aube
la lèvre du matchiche
nous prend à l'âme.
J'ai marché,
convulsif,
bras ballants,
sur les toits dansaient les cheminées
et leurs genoux
faisaient quarante-quatre !
Cessez ! Messieurs !
Est-ce possible ?!
Chaque ruelle retrousse ses manches :
bagarre !
Et mon angoisse augmente
sans paix ni raison
comme une larme sur la gueule d'un chien.

(Plus d'émotion encore.)

VIEUX CHATS

Vous voyez !
Il faut briser les choses !
Malgré leurs caresses, j'ai flairé l'ennemi !

VLADIMIR MAÏAKOVSKI

L'HOMME AU VISAGE DISTENDU

Peut-être, les choses, il faut les aimer?
Les choses, elles ont peut-être une âme tout autre?

L'HOMME SANS OREILLE

On en voit tant, des choses, cousues à l'envers,
cœurs sans colère,
sourds à la haine.

L'HOMME AU VISAGE DISTENDU
(approuve, joyeux)

Plutôt qu'une bouche arrachée
tant de choses ont l'oreille cousue!

V. MAÏAKOVSKI
(au centre, le bras levé)

Aux cordes du cœur, pas de haine!
Vous, mes enfants,
je vous enseignerai,
inflexible et sévère.
Humains, vous n'êtes que grelots
sur le bonnet de dieu.
Le pied gonflé par les méditations,
j'ai parcouru vos continents
et d'autres terres encore.
Domino blotti dans la nuit.
Je la cherchais
elle, l'âme,
cette invisible
portant des fleurs de guérison,
pour ses lèvres plaies.

(Pause.)

Et me voilà encore
esclave,

sueur de sang
corps ébranlé par la folie.
Au fait,
une fois j'ai mis la main dessus,
l'âme
elle a paru
en déshabillé bleu,
elle a dit :
« Veuillez vous asseoir !
Je vous ai tant attendu.
Prendez-vous une tasse de thé ? »

(Pause.)

Je suis le poète,
j'ai effacé la différence
entre les visages amis et les autres.
J'ai cherché mes sœurs dans le pus des morgues.
J'embrassais des malades artistiques.
Ce jourd'hui
je cacherai profond les larmes des mers,
pour conduire au bûcher jaune
la honte des sœurs
et les rides des vieilles mères.
Siècle viande,
tu seras servi dans des salles luisantes.
Plein la lampe,
On s'en paie une tranche !

(Il arrache la draperie découvrant une femme énorme. Crainte. Entre le jeune homme commun. Agitation.)

V. MAÏAKOVSKI
(à part)

Messeigneurs !
Il y aurait

quelque part
un homme heureux
au Brésil, dit-on.

LE JEUNE HOMME COMMUN
(les prenant tous à partie les uns après les autres)

Messeigneurs !
Attendez, Messeigneurs !
Monsieur, Monsieur,
dites vite :
Est-ce ici que l'on brûle les mères ?
Messieurs !
L'esprit humain est roi
mais les mystères du monde grands
et vous, votre bûcher consume
les trésors du savoir et des livres !
Moi j'ai inventé la machine hache-biftecks.
Pour la comprenette,
je me défends.
J'en connais un,
vingt-cinq ans il a mis
pour inventer l'attrape-puces !
J'ai une femme
elle attend une fille ou un fils
et vous, vous dites des cochonneries !
Et des intellectuels encore,
Comme c'est triste.

L'HOMME SANS OREILLE

Jeune homme,
montez sur la caisse

VOIX DANS LA FOULE

Sur le tonneau !

L'HOMME SANS OREILLE

On ne vous voit pas !

LE JEUNE HOMME COMMUN

Il n'y a pas de quoi rire.
J'ai un petit frère
et vous viendrez, vous rongerez ses os,
vous qui voulez tout dévorer !

(Alerte. Sirènes. Cris dans les coulisses : « Le phalzar ! le phalzar ! »)

V. MAÏAKOVSKI

Laissez tomber !

(On entoure le jeune homme commun.)

V. MAÏAKOVSKI

Quand vous aurez faim comme moi,
vous rongerez les lointains,
les orients, les occidents,
comme rongent l'os de l'horizon
les bouches enfumées des usines !

LE JEUNE HOMME COMMUN

Alors, l'amour, c'est rien,
et Sonia, ma petite sœur, rien ?

(à genoux)

Mes amis !
Pas de sang !
Mes amis, pas de bûcher !

(L'alerte croît. Détonations. Une gouttière file progressivement sa note. Roulements de tôle sur les toitures.)

L'HOMME AU VISAGE DISTENDU

Si vous aimez comme moi,
vous tuerez l'amour
ou bien
vous violerez sur un gibet
le ciel rêche et suant,
les étoiles, leur laiteuse innocence.

L'HOMME SANS OREILLE

Vos femmes ne savent pas aimer,
les baisers les gonflent comme des éponges,
Des milliers de pieds frappent le ventre tendu de la place.

L'HOMME AU VISAGE DISTENDU

Mon âme,
on en ferait
des fringues si élégantes!

(Le vacarme déborde. Tous autour de la femme énorme. On la hisse. On la porte.)

(Ensemble.)

Marchons
au lieu du crucifié
du saint prophète,
livrons nos corps au stupre dansant,
le noir socle pervers du vice –
quel monument pour la viande saignante!

(Ils ahanent jusqu'à une porte. On entend un pas rapide. Vient l'homme sans œil ni jambe. Un joyeux. La folie s'étouffe. On abandonne la femme.)

L'HOMME SANS ŒIL NI JAMBE

Halte !
Dans les rues où les visages
vont écrasés et semblables,
la mère Temps
a engendré
une immense
et torve rébellion !
Ce qu'on se marre !
Devant les trognes revenues des ans
les anciens se taisent,
sidérés.
La colère
gonfle les fleuves sur la tempe des villes.
Lentement
un cheveu unique
pointe sur la calvitie du temps.
Et tout à coup
ruée des choses
qui jettent bas,
hurlantes,
les guenilles des noms anciens.
Les vitrines à pinard
comme au doigt de satan
giclent dans les gourdes.
Le tailleur, éberlué,
regarde ses pantalons
se faire la paire
seuls !
et filer, sans cuisses dedans !
Ivre,
ouvrant une gueule noire,
une commode divague
hors la chambre à coucher,

les corsets quittent
sur la pointe des pieds
les enseignes « Robes et modes » (1)
Sévères, toujours inaccessibles
restent les bottillons.
Les bas de soie
lancent des œillades.
J'ai couru aussi vite qu'une injure.
Mon autre jambe
a une rue de retard.
Alors,
vous qui criez
au monstre,
vieux, gras,
adipeux ennemis,
vous chercherez en vain
un homme au monde
avec les deux pieds
pareils !

(Rideau.)

(1) *En français dans le texte.*

DEUXIÈME ACTE

Ennui. Une place dans une ville nouvelle. V. Maïakovski a revêtu une toge. Derrière la porte, des pieds en nombre.

L'HOMME SANS ŒIL NI JAMBE
(serviable)

Monsieur du poète!
Vous êtes proclamé prince.
Dociles,
les suceurs de doigts
piétinent à la porte
chargés de récipients bizarres.

V. MAÏAKOVSKI

Eh! bien,
qu'ils entrent!

(Timidité. Femmes aux lourds balluchons. Nombre de saluts.)

LA PREMIÈRE

Voici une larme,
elle est à moi,
prenez!
Je n'en ai pas besoin,
voici,
elle est si blanche,
vêtue d'un fil brillant
en yeux messagers de tristesse.

V. MAÏAKOVSKI
(troublé)

Mais pourquoi?
Je n'en ai pas l'emploi.

(A la suivante.)

Vous aussi, les yeux gonflés?

LA SECONDE
(insouciante)

Ce n'est rien.
Mon fils se meurt.
Une misère!
Encore une larme.
Sur une chaussure, peut-être,
ce serait une jolie boucle.

V. MAÏAKOVSKI
(exprime l'effroi)

LA TROISIÈME

Mande pardon,
je suis si sale.
On se lave,
puis on est propre;
Voici une larme encore
une grosse oisive
larmiche.

V. MAÏAKOVSKI

Assez!
Il y en a un paquet!
Et puis faut que j'y aille!
A qui cette charmante chevelure?

LES VENDEURS DE JOURNAUX

Figaro! Figaro! Le Matin!

L'HOMME DEUX BAISERS

(Au centre des regards. Tout le monde à la fois:)

Regardez –
quel sauvage.
Écartez-vous.
On n'y voit rien.
Lâchez-moi!
Jeune homme
cessez de roter!

L'HOMME SANS TÊTE

Beuh! Beuh!
Agreu! Agreu!

L'HOMME DEUX BAISERS

Les nuages se donnent au ciel,
friables, dégouttants.
La journée s'achève.
Les filles de l'air aussi veulent de l'or,
seul le fric compte.

V. MAÏAKOVSKI

Quoi?

L'HOMME DEUX BAISERS

Du fric, toujours du fric!

DES VOIX

Chut!

VLADIMIR MAÏAKOVSKI

L'HOMME DEUX BAISERS

Chut!
(danse avec des ballons troués)
Deux baisers,
cadeau pour un gros homme sale.
Le maladroit
ne savait qu'en faire,
où les mettre.
La ville festoyait,
cantiques dans les cathédrales,
tout le monde sortait
porter beau.
L'homme souffre du froid
les semelles percées
il se met le plus gros baiser
comme un sabot,
mais le froid
lui mord les orteils
et l'homme dit furieux:
« Puisque c'est comme ça,
A la voirie ces baisers! »
Et il les jette.
Alors les oreilles lui poussent, au baiser,
il s'agite, il crie d'une petite voix
« Maman! »
Cet effroi!
Il enveloppe le petit corps dans ses fripes d'âme,
et l'emporte chez lui
pour l'encadrer en bleu.
Pendant longtemps,
il remue la poussière des valises
à la recherche du cadre perdu.
Quand il se retourne
le baiser s'étale sur le canapé
l'énorme,
le gras,
il rit,

il polissonne!
Seigneur! –
« l'homme en pleure –
quelle fatigue, c'est étonnant.
Il faut se pendre! »
Et pendant qu'il pendait,
minable, pitoyable – dans les boudoirs
les femmes fabriquaient
– usines sans cheminées –
des baisers par millions
sur les presses charnues en lèvres humides.

ENTRÉE DES ENFANTS-BAISERS

Nous sommes en série.
Prenez!
Les autres arrivent.

(Chacun y va de sa larme.)

V. MAÏAKOVSKI

Messieurs!
Écoutez-moi
Je n'en peux plus!
Ça va pour vous?
Et moi, avec ma douleur?

(Menaces :)

La ferme!
Tu vas y passer à la casserole!
En matelote!

LE VIEUX PORTANT UN CHAT ÉPILÉ

Toi seul tu sais chanter
(désignant le tas de larmes :)
Porte-les à ton dieu splendide.

V. MAÏAKOVSKI

Je veux m'asseoir !

(On l'en empêche. Il se dandine, ridicule, et met les larmes dans une valise. Debout, avec la valise :)

Soit !
Laissez-moi passer.
Je me disais,
joyeux,
l'œil vif,
je trônerai
tel un éphèbe grec.
Non !
Jamais
je n'oublierai
les jambes maigres
de mes routes
et les fleuves aux mèches blanches !
Dès aujourd'hui,
je quitterai la ville,
mon âme en lambeaux
sur les fers des grilles.
La lune suivra,
la route du ciel a crevé,
elle l'attend.
En passant,
elle pourra essayer mon bada.
C'est lourd, tout ça,
je clidoque plus loin,
vers le nord.
Saisi par une angoisse sans fin
l'océan impie déchire sa poitrine
avec les ongles des vagues.
Las, je jetterai dans le dernier délire
votre larme
au sombre dieu des orages,
à la source des fois animales. *(Rideau.)*

ÉPILOGUE

Vladimir Maïakovski

C'est vous, c'est écrit pour vous,
pauvres rats,
ce n'est pas la pitié qui manque,
sinon vous l'aviez la tétée, la tétine
mais je me sens un peu flasque,
c'est la sainteté.
Qui ça – quand ça
aurait donné à mes idées
cet espace surhumain ?
C'est moi, dans le mille,
le doigt dedans,
j'ai prouvé :
le ciel est un voleur,
on se dit je suis un coq germain
ou le roi de Monténégrie
et parfois je préfère
mon nom commun :
Vladimir Maïakovski.

LA PUNAISE

Pièce en cinq actes et neuf tableaux

C'est une comédie féerique en cinq actes et neuf tableaux.

Il m'est difficile de me considérer comme l'auteur unique de la pièce. La matière de la comédie provient d'un monceau de faits empruntés à la vie quotidienne du petit bourgeois, qui me tombaient sans cesse entre les mains ou sur la tête pendant tout le temps que dura mon activité journalistique, notamment à la Pravda *du Komsomol (organe du Comité Central des Jeunesses communistes de l'U.R.S.S. — M. W.).*

Ces faits, insignifiants isolément, je les ai rassemblés, condensés en deux personnages centraux de la comédie : Prissipkine, qui devient Pierre Skripkine pour plus d'élégance, — ex-ouvrier, actuellement fiancé, — et Oleg Bayan, autodidacte lèche-bottes, ex-propriétaire.

Mon travail journalistique a abouti à une pièce engagée, politique, « à problèmes ». Son problème : la dénonciation du philistin petit-bourgeois actuel.

Je me suis efforcé de m'écarter aussi loin que possible des pièces habituelles, qui reflètent, qui sont a posteriori. *(Suit un résumé de la pièce.)*

(Publié dans *Ogoniok* le 29 janvier 1929.)

PERSONNAGES

PRISSIPKINE, PIERRE SKRIPKINE (1), ex-ouvrier, ex-membre du Parti ; à présent, fiancé.
ZOÏA BEREZKINE, ouvrière.
ELZÉVIRE DAVIDOVNA, fiancée, manucure, caissière du salon de coiffure. } Famille RENAISSANCE.
ROSALIE PAVLOVNA, mère-coiffeuse. } Famille RENAISSANCE.
DAVID OSSIPOVITCH, père-coiffeur. } Famille RENAISSANCE.
OLEG BAYAN, autodidacte, ancien propriétaire.
UN MILICIEN.
UN PROFESSEUR.
UN DIRECTEUR DE ZOO.
UN CAPITAINE DE POMPIERS.
LES POMPIERS.
UN TÉMOIN.
UN REPORTER.
DES OUVRIERS.
LE PRÉSIDENT DU SOVIET DE LA VILLE.
UN ORATEUR.
DES ÉTUDIANTS.
UN MAÎTRE DES CÉRÉMONIES.
LE PRÉSIDIUM DU SOVIET DE LA VILLE, des chasseurs, des enfants, des vieux.

(1) Jeu de mots intraduisible. Le deuxième nom, adapté du premier, fait plus « noble », comme le prénom « occidental ». N.d.T.

PREMIER TABLEAU

Au centre, la porte tournante d'un grand magasin. A côté, des vitrines pleines de marchandises. Des mains vides entrent et ressortent chargées de paquets. Des camelots-propriétaires déambulent sur le devant de la scène.

LE MARCHAND DE BOUTONS

Ne divorcez pas pour un bouton, ne vous mariez pas pour un bouton! Une pression du pouce et de l'index et les pantalons des citoyens seront toujours impec!

Boutons à fixation automatique,
mécaniques
et hollandais,
vingt copecks les six...
Prenez, c'est pour rien.

LE MARCHAND DE POUPÉES

Prenez mes danseurs!
Regardez mes danseurs!
Comme à l'Opéra!
C'est l'meilleur amusement
Dehors comme dedans!
C'est le Commissaire du Peuple
qui fixe par décret
leur façon de danser!

LA VENDEUSE DE POMMES

Y a pas d'ananas.
Y a pas d'bananes.
Ma pomme!
ma pomme!
regardez ma pomme!
Les quatre pour quinze copecks.
Enlevez c'est pour rien!

LE VENDEUR DE PIERRES A AFFÛTER

Pierre à affûter incassable
Importée d'Allemagne.
Trente copecks au choix.
Affûte pour tous les goûts,
Affûte dans tous les sens
Les couteaux pour couper,
Les rasoirs pour raser
Et les langues pour discuter!
A qui le tour, citoyens ?

LE MARCHAND D'ABAT-JOUR

Mes abat-jour
de toutes les teintes,
pour tous les goûts!
Bleus pour le confort,
Rouges pour les voluptés.
Installez-vous, citoyens.

LE MARCHAND DE BALLONS

Dirigeables et ballons
pour les explorations!
y a pas mieux comme confort
Pour aller au Pôle Nord!
Achetez, citoyens!

LE MARCHAND DE HARENGS

Voilà
les meilleurs harengs de la république!
Avec de la vodka
et des crêpes bien grasses
rien ne les remplace!

UNE MERCIÈRE AMBULANTE

Soutiens-gorge doublés d'astrakan!
Soutiens-gorge doublés d'astrakan!

UN VENDEUR DE COLLE

Chez nous
à l'étranger
et partout ailleurs
Les citoyens jettent la vaisselle cassée!
La fameuse colle en poudre
Excelsior
répare sans attendre
Vénus et pots de chambre!

UNE VENDEUSE DE PARFUMS

Echantillons de parfums Coty!
Echantillons de parfums Coty!

LE MARCHAND DE LIVRES

Ce que fait la femme quand le mari n'est pas là! Cent histoires drôles racontées par le ci-devant comte Léon Tolstoï, prix marqué — un rouble vingt — je les laisse pour quinze copeks.

LA MERCIÈRE AMBULANTE

Soutiens-gorge doublés d'astrakan!
Soutiens-gorge doublés d'astrakan!

(*Entrent Prissipkine, Rosalie Pavlovna, Bayan.*)

LA MERCIÈRE AMBULANTE

Soutiens-gorge!...

PRISSIPKINE (*très emballé*)

Sont-ils aristocratiques, ces petits bonnets!

ROSALIE PAVLOVNA

Des bonnets ? mais c'est pas des bonnets, c'est...

PRISSIPKINE

Je ne vois pas clair, non ? Et si j'ai des jumelles ? On en mettra un sur Dorothy et l'autre sur Lilian... J'ai déjà décidé de leur donner un nom aristocratico-cinématographique... Elles se promèneront comme ça, ensemble... C'est comme ça que ça doit être. Ma maison, faut qu'elle soit une corne d'abondance! Rosalie Pavlovna, emportez!

BAYAN

Emportez, emportez, Rosalie Pavlovna. Faut pas croire qu'y pense à la bagatelle. Cet homme-là, c'est la classe montante, y comprend tout à sa façon. Y nous apporte une origine prolétarienne de vieille souche, et intacte, et une carte syndicale, et vous, vous comptez les gros sous. Sa maison doit être une corne d'abondance.

(*Rosalie Pavlovna soupire et achète.*)

BAYAN

Je les porterai, moi... c'est pas lourd... ne vous dérangez pas... pour le même prix...

LE VENDEUR DE POUPÉES

Prenez mes danseurs, regardez mes danseurs!

PRISSIPKINE

Mes futurs enfants héréditaires doivent être éduqués dans un esprit d'élégance. Et toc! Emportez, Rosalie Pavlovna.

ROSALIE PAVLOVNA

Camarade Prissipkine...

PRISSIPKINE

Ne m'appelez pas camarade, citoyenne, vous êtes pas encore parente du prolétariat.

ROSALIE PAVLOVNA

Futur camarade citoyen Prissipkine, pour ce prix-là on ferait la barbe à quinze personnes, sans compter la moustache et le reste. Si on prenait un autre panier de bière pour le mariage. Qu'est-ce que vous en dites ? Hein ?

PRISSIPKINE (*sévère*)

Rosalie Pavlovna. Ma maison doit être...

BAYAN

Sa maison doit être une corne d'abondance. Chez lui, la musique et la bière doivent couler à flots, comme de... d'une corne d'abondance, quoi.

(*Rosalie Pavlovna achète.*)

BAYAN (*prend les paquets*)

Vous dérangez pas, c'est le même prix.

LE VENDEUR DE BOUTONS

Ne divorcez pas pour un bouton, ne vous mariez pas pour un bouton...

PRISSIPKINE

Dans notre famille rouge, y faut pas des mœurs bourgeoises et d'accrochages à propos d'un pantalon. Et toc! Emportez, Rosalie Pavlovna.

BAYAN

Tant que vous n'avez pas la carte du syndicat, ne le contrariez pas, Rosalie Pavlovna. C'est la classe triomphante et y balaie tout sur son chemin comme un torrent; le pantalon du camarade Skripkine doit être une corne d'abondance.

(*Rosalie Pavlovna achète et soupire.*)

BAYAN (*prend le paquet*)

Je vous en prie, pour le même prix...

LE MARCHAND DE HARENGS

Les meilleurs harengs de la république!
Plus on boit
et plus on en mange!

ROSALIE PAVLOVNA
(*écarte tout le monde, parle haut et se sent mieux tout de suite*)

Des harengs, ça j'suis d'accord. Au moins, pour le mariage, vous aurez quelque chose. C'est un article que j'vais prendre. Poussez-vous donc, messieurs les hommes. Combien, cette sardine ?

LE MARCHAND

Ce saumon vaut 2,60 le kilo.

ROSALIE PAVLOVNA

2,60 pour cette ablette ?

LE MARCHAND

Madame, je vous en prie, ça ne fait que 2,60 pour ce candidat esturgeon.

ROSALIE PAVLOVNA

2,60 pour ce fanon de baleine en conserve! Vous avez entendu, camarade Skripkine ? Vous avez eu bien raison, allez, quand vous avez tué le tsar et chassé M. Riabouchinski! Ah! quelles crapules! Je trouverai mes droits civiques et mes harengs à la coopérative publique soviétique d'Etat.

BAYAN

Attendons ici, camarade Skripkine. Pourquoi vous mêler de cette histoire petite-bourgeoise et acheter des harengs dans cette ambiance tendancieuse ? Pour vos quinze roubles et une bouteille de vodka je vous organiserai un de ces mariages...

PRISSIPKINE

Camarade Bayan, moi, je suis contre toutes ces mœurs petites-bourgeoises — les serins et tout le reste... Moi, je suis un homme qui a des perspectives historiques... Moi, ce qui m'intéresse, c'est une armoire à glace...

(*Entre Zoïa Berezkine qui manque buter contre les deux personnages; elle recule, étonnée, et écoute.*)

BAYAN

Quand votre cortège nuptial...

PRISSIPKINE

Qu'est-ce que vous racontez ? Le cortège comment ?

BAYAN

J'ai dit : le cortège nuptial. Camarade Skripkine, c'est ainsi que les magnifiques idiomes étrangers désignent les cortèges en tous genres et notamment des cortèges de mariages solennels tels que le vôtre.

PRISSIPKINE

Ah! Bon, bon, bon.

BAYAN

Je disais donc que lorsque le cortège arrivera, je vous chanterai l'épithalame d'Hyménée.

PRISSIPKINE

Qu'est-ce que c'est que ce baratin ? D'où y sortent, tes hymnes malais ?

BAYAN

J'ai pas dit hymnes malais, j'ai dit : épithalame du dieu Hyménée. Les Grecs avaient un dieu de l'amour qui s'appelait comme ça, mais pas les Grecs d'aujourd'hui, tous ces Venizelos opportunistes!... C'est les anciens qui avaient ça, les républicains!

PRISSIPKINE

Camarade Bayan, pour l'argent que je vous donne, je veux un mariage rouge et pas de dieux. Compris ?

BAYAN

Voyons, camarade Skripkine, non seulement j'ai compris, mais je dirai même qu'armé de l'imagination que Plekhanov permet aux marxistes, je vois comme en quelque sorte par le moyen d'un prisme votre triomphe de classe, plein d'élévation, d'élégance et d'enthousiasme... La fiancée descend du carrosse, une fiancée rouge! toute rouge, elle a chaud. Un témoin rouge, le comptable Erykalov, massif, rouge et apoplectique, lui donne la main. Vous, vous êtes entouré de témoins rouges. Toute la table est couverte de jambon rouge et de bouteilles cachetées de rouge.

PRISSIPKINE (*approbateur*)

C'est ça! C'est bien ça.

BAYAN

Les invités rouges crient « c'est amer! c'est amer (1)! », et alors votre épouse rouge vous tend des lèvres toutes rouges...

ZOÏA
(*affolée, elle les saisit tous les deux par la manche*)

Vania! Que dit-il, celui-là ? Que dit cette limace à cravate ? Quel mariage ? Qui est-ce qui se marie ?

BAYAN

Il s'agit de la cérémonie nuptiale et socialiste qui va unir Elzévire Davidovna Renaissance et...

PRISSIPKINE

Zoïa, j'en aime une autre
Qu'a la taille plus haute.
Elle a une poitrine bien faite
Moulée par une belle jaquette.

(1) Allusion à une coutume populaire russe. Les nouveaux mariés s'embrassent, sur la demande de l'assistance, pendant le repas de noces, au cri de : « C'est amer! », pour « adoucir » la boisson. N.d.T.

ZOÏA

Vania! Et moi ? Tu me laisses tomber alors ? C'est bien ça ?

PRISSIPKINE

Comme des bateaux
qui suivent chacun sa route
séparons-nous.

ROSALIE PAVLOVNA
(*se précipite hors du magasin. Elle brandit ses mains pleines de harengs au-dessus de la tête*)

Des baleines, des dauphins! (*Au marchand de poisson.*) Allez, montre-le ton escargot, qu'on compare. (*Elle compare; le hareng du camelot est plus gros; elle gesticule.*) Il est plus long d'une queue ? Pourquoi qu'on s'est battus, hein, citoyen Skripkine ? Pourquoi qu'on a tué Sa Majesté l'empereur et chassé M. Riabouchinski, hein ? Il me mènera à la tombe, votre pouvoir soviétique... Plus long d'une queue, de toute une queue...

BAYAN

Voyons, chère Rosalie Pavlovna, c'est par l'autre bout qu'il fallait mesurer... Il est plus long d'une tête... A quoi ça vous servirait la tête ? Ça ne se mange pas... il n'y a qu'à la couper et la jeter.

ROSALIE PAVLOVNA

Vous entendez ce qu'il dit ? Couper la tête! C'est à vous, citoyen Bayan, qu'on pourrait couper la tête sans rien perdre, mais le hareng, ça coûte dix copecks le kilo. Allez, on rentre! Evidemment, j'ai besoin d'une carte syndicale dans la maison, mais une fille de famille dont les parents tiennent une entreprise qui rapporte, c'est pas rien non plus.

ZOÏA

On voulait vivre ensemble, travailler... Et c'est fini...

PRISSIPKINE

Citoyenne, notre amour est mort. Ne troublez pas l'épanouissement d'un libre sentiment civique ou j'appelle la milice.

(Zoïa pleure et s'accroche à lui. Prissipkine essaye de se libérer. Rosalie Pavlovna les sépare en perdant ses paquets.)

ROSALIE PAVLOVNA

Qu'est-ce qu'elle veut, cette traînée ? Pourquoi vous vous accrochez à mon gendre ?

ZOÏA

Il est à moi!

ROSALIE PAVLOVNA

Ah! Parce qu'elle a un gosse ? Je lui payerai une pension alimentaire, oui, mais je lui casserai la gueule!

LE MILICIEN

Citoyens, arrêtez cette scène répugnante...

DEUXIÈME TABLEAU

Un dortoir de jeunes ouvriers. L'inventeur dessine avec ardeur en reniflant. Un gars nu-pieds se vautre sur son lit au bord duquel est assise une jeune fille. Un gars à lunettes est plongé dans un livre. Quand les portes s'ouvrent on aperçoit un couloir sur lequel donnent de nombreuses portes.

LE GARS NU-PIEDS (*il hurle*)

Où sont mes bottes ? On m'a encore piqué mes bottes. Faudra peut-être que je les mette à la consigne de la gare de Koursk (1), non ?

LE BALAYEUR

C'est Prissipkine qui s'est foulé le poignet dessus pour aller voir sa dulcinée. Il gueulait en les mettant. « C'est la dernière fois que j'les mets, a-t-il dit; ce soir, j'apparaîtrai sous une forme nouvelle, a-t-il dit, plus conforme à ma nouvelle situation sociale. »

LE GARS

Salaud, va.

LE JEUNE OUVRIER (*en train de nettoyer*)

Même son placard a un contenu aristocratique! Avant il n'y avait que des bouteilles de bière et des queues de harengs; maintenant, on y trouve des pots de crème de beauté et des cravates à trois copecks les cinq.

(1) Une gare de Moscou. N.d.T.

LA JEUNE FILLE

Ça va, n'en jetez plus! Le gars a acheté une cravate et vous le traitez déjà de bourgeois.

LE GARS

C'en est bien un. La cravate, c'est rien; seulement, c'est pas la cravate qui est attachée à lui, c'est lui qui est attaché à la cravate. Il ne fait même plus travailler ses méninges.

LE BALAYEUR

Il veut faire de l'épate; quand il est pressé et qu'il a un trou à sa chaussette, il se colle de l'encre sur le pied, tout en courant, pour que ça se voie pas.

LE GARS

Il n'a pourtant pas besoin de ça, son pied, pour être noir.

L'INVENTEUR

Peut-être qu'il n'est pas noir juste à cet endroit-là. Il aurait dû changer ses chaussettes de pied.

LE BALAYEUR

T'as trouvé ça tout seul, l'inventeur ? Fais-le breveter. Fais gaffe, on pourrait te faucher ton idée.

(Il donne un coup de chiffon sur la table et fait tomber une boîte d'où s'échappent en éventail des cartes de visite. Il se baisse pour les ramasser, les regarde au jour et rit si fort qu'il a du mal à appeler les copains.)

TOUS ENSEMBLE

(lisent et répètent plusieurs fois)

Pierre Skripkine. Pierre Skripkine.

L'INVENTEUR

Il s'est inventé un vache de nom de famille. Prissipkine. C'est pas un nom, ça, Prissipkine. Mais Pierre Skripkine, ça c'est du nom! C'est pas un nom : c'est une chanson d'amour.

LA JEUNE FILLE (*pensive*)

C'est quand même vrai, Pierre Skripkine, ça fait très bien. Vous, vous êtes en train de vous marrer pendant que lui il fait une révolution à domicile, peut-être.

LE GARS

Du point de vue de la gueule, il est déjà plus fort que Pouchkine! Il a de la barbe pire qu'un caniche et il ne la lave même pas pour pas l'ébouriffer.

LA JEUNE FILLE

De ce point de vue-là, il a autant de culture sur les joues que Harry Peel.

L'INVENTEUR

Son système pileux évolue en accord avec son professeur.

LE GARS

On se demande sur quoi ils tiennent, les cheveux du prof... Pas de tête mais plein de frisure autour. C'est l'humidité qui les fait sortir de terre comme les escargots, ces types-là, non ?

LE GARS AU LIVRE

Non. C'est un écrivain. Je sais pas ce qu'il a écrit, mais enfin il est célèbre. Le journal du soir en a parlé trois fois : paraît qu'il a vendu des vers comme s'ils étaient de lui et le vrai auteur s'est vexé à mort, il a envoyé un rectificatif : « Vous êtes tous des andouilles », il a dit, « c'est faux, tout ça, — c'est moi qui ai copié ces vers chez Nadson. » Je sais pas qui a raison. Ce qui est sûr, c'est qu'on ne l'imprimera plus, mais maintenant il s'est fait une belle célébrité! — il éduque la jeunesse. Il donne des leçons de chant et de poésie, de maintien et de danse, il apprend aussi à taper les copains.

LE GARS AU BALAI

Quand on a des mains d'ouvrier, on n'enlève pas ses durillons à la pierre ponce.

(Entre un ajusteur en bleu de travail. Il se lave les mains et se retourne.)

L'AJUSTEUR

Un ouvrier et lui, ça fait deux. Il épouse une jeune personne dont le papa est coiffeur; elle, elle est caissière et aussi manucure. C'est une demoiselle Elzévire Renaissance qui va lui faire les ongles à présent...

L'INVENTEUR

Elzévir, y a des caractères d'imprimerie qui s'appellent comme ça.

L'AJUSTEUR

Les caractères, je m'y connais pas, mais elle a une de ces carrosseries! Il a montré la photo au comptable pour qu'il calcule plus vite. Elle doit avoir des mamelles grosses comme deux potirons! une fille opulente, quoi!

LE NU-PIEDS

Il a pas perdu son temps.

LA JEUNE FILLE

Alors, tu te sens des envies ?

LE NU-PIEDS

Moi, quand je serai chef d'équipe et que je porterai mes bottes tous les jours, je me dégotterai une crémerie où je serai mieux qu'ici.

L'AJUSTEUR

Suis bien mon conseil : tâche d'installer des rideaux. Tu peux tirer ton rideau, jeter un coup d'œil par la fenêtre, et puis tu fermes et tu es chez toi, tu fais ce que tu veux, tu comptes ton bénef, par exemple. C'est seulement pour travailler que c'est moche d'être tout seul, mais pour bouffer la poule au pot, c'est préférable. C'est juste, pas ? Des gars qui se tiraient les pieds des tranchées, on en a déjà vu, seulement on les descendait. Vas-y — qu'est-ce que t'attends ?

LE NU-PIEDS

Sûr, que j'irai. Qu'est-ce t'as à jouer ton petit Lénine ? Toi, si on te faisait signe d'une fenêtre où y'aurait des géraniums, tu cracherais pas dessus... non ?

L'AJUSTEUR

Moi, je ne déserterai pas. Tu crois que j'aime ça, moi, vivre dans la puanteur, porter des loques ? Seulement on est nombreux, nous. Y aurait pas assez de filles de coiffeur pour tout le monde. Quand tout sera prêt, les maisons construites et tout, on s'installera tous en même temps. Tous, et en même temps! Mais nous ne quitterons pas nos tranchées puantes le drapeau blanc à la main.

LE NU-PIEDS

Y en a marre de tes tranchées. On n'est plus en dix-neuf. Les gens ont envie de vivre pour eux.

L'AJUSTEUR

T'es sûr qu'il n'y a plus de tranchées ?

LE NU-PIEDS

Baratin.

L'AJUSTEUR

Les poux, ça ne manque pas.

LE NU-PIEDS

Baratin.

L'AJUSTEUR

On nous tire dessus sans faire de bruit, c'est tout.

LE NU-PIEDS

Baratin.

L'AJUSTEUR

Prissipkine s'est déjà fait descendre avec un fusil à deux yeux.

(Entre Prissipkine en souliers vernis. Il tient à la main — par les lacets — des souliers éculés qu'il jette au gars nu-pieds. Bayan suit avec les paquets. Il se place entre Prissipkine et l'ajusteur qui mime une danse populaire.)

BAYAN

Camarade Skripkine, ne prêtez pas attention à ces danses sauvages, elles pourraient gâter votre goût raffiné en formation.

(*Les gars du dortoir leur tournent le dos.*)

L'AJUSTEUR

Arrête de te tortiller, tu vas te dévisser la colonne.

BAYAN

Je vous comprends, camarade Skripkine : on doit avoir du mal, avec une âme aussi délicate que la vôtre, à vivre dans cette société grossière. Prenez encore une leçon sans éclater d'impatience. Le premier fox-trot après la cérémonie nuptiale est un pas d'une importance extrême et vous devez produire une impression impérissable. A présent, un tour de piste avec votre cavalière imaginaire. Ne tapez pas des pieds, vous n'êtes pas à un défilé du Premier Mai.

PRISSIPKINE

Camarade Bayan, je vais enlever mes chaussures : elles me serrent et puis elles s'usent.

BAYAN

C'est ça. C'est ça. Continuez, ayez une démarche nonchalante, comme au retour d'une brasserie, par un beau clair de lune mélancolique. C'est ça, c'est ça. Ne tortillez donc pas de l'arrière-train, ce n'est pas un wagonnet, c'est une demoiselle que vous conduisez. C'est ça, c'est ça. Votre main. Plus bas, la main.

PRISSIPKINE

(*dont la main glisse sur une épaule imaginaire*)

Elle tient pas ma main, en l'air.

BAYAN

Camarade Prissipkine, par une manœuvre de reconnaissance discrète, découvrez le soutien-gorge et calez-y votre pouce, comme pour prendre un peu de repos. Cette preuve de sympathie est agréable à la dame, et vous, ça vous soulage — vous pouvez penser à l'autre main. Pourquoi roulez-vous des épaules ? Ce n'est plus du fox-trot. Auriez-vous daigné faire une démonstration de shimmy ?

PRISSIPKINE

Non. J'ai pas fait exprès... Je me suis gratté en marche.

BAYAN

Camarade Prissipkine, comment est-ce possible ? Si au cours de votre inspiration chorégraphique vous éprouvez un ennui de cet ordre, roulez des yeux indignés, comme si vous étiez jaloux de votre cavalière, reculez contre le mur, à l'espagnole, avec un mouvement vif, frottez-vous rapidement contre une sculpture quelconque (dans la meilleure société où vous êtes appelé à évoluer, il y en a plus qu'un curé n'en bénirait, de ces trucs-là). Frottez-vous, poussez un soupir, lancez un éclair des yeux et remettez-vous à danser en vous calmant graduellement.

PRISSIPKINE

Comme ça ?

BAYAN

Bravo! Très bien! Quels dons vous possédez, camarade Prissipkine! Dans les conditions de l'encerclement capitaliste et de la construction du socialisme dans un seul pays, vous ne pouvez pas déployer tout votre talent. C'est trop étroit, ici. Notre Passage-des-Chèvres-prolongé est-il une lice digne de vous ? C'est la révolution mondiale qu'il vous faut, la ruée sur l'Europe; il vous suffira de briser les Chamberlain et les Poincaré et vous pourrez enchanter les Moulins-Rouges et les Panthéons par la splendeur de vos manifestations plastiques. Souvenez-vous bien de cette position. Ne bougez plus. Moi, je m'en vais... Je ne peux pas quitter les témoins des yeux : un verre en acompte avant le mariage et pas une larme de plus; une fois le boulot fait, ils pourront boire au goulot, si ça leur chante. Bye, bye... (*Il s'en va en criant sur le pas de la porte.*) Ne portez pas deux cravates à la fois, surtout si elles ne sont pas de la même couleur et mettez-vous bien ça dans le crâne : une chemise empesée, c'est pas une chemise brodée, ça ne se porte pas à l'extérieur du pantalon!

(*Prissipkine déballe ses achats.*)

UN GARS

Laisse tomber tout ça, Vania. Tu peux pas t'habiller comme tout le monde ?

PRISSIPKINE

C'est pas vos oignons, respectable camarade. Pour quoi j'ai lutté, moi ? Pour une vie meilleure, j'ai lutté. Maintenant je l'ai à portée : une femme, une maison, de l'éducation dans les manières. En cas de besoin, je saurai toujours faire mon devoir. Celui qu'a fait la guerre a le droit de se reposer un brin en lançant des petits cailloux dans la rivière. Et toc! Mon bien-être va peut-être élever le niveau de toute ma classe. Et toc!

L'AJUSTEUR

Ça, c'est un guerrier, un vrai Souvorov. C'est juste, ce qu'il dit!

Un bout de temps
J'ai travaillé
A construire un pont vers le socialisme.
Je l'ai pas terminé,
J'ai été fatigué.
Auprès du pont
je me suis reposé.
Sur le pont l'herbe a poussé,
Des moutons l'ont même mangée.
Moi, je veux seulement me reposer
Au bord de la rivière...

C'est bien ça ?

PRISSIPKINE

Me casse pas les pieds. Fous-moi la paix avec ta propagande. Et toc!

(*Il s'assoit sur le lit et chantonne en s'accompagnant de la guitare.*)

Pourquoi donc chercher ailleurs,
Je sais bien que le bonheur,
Il est là,
Rue Lounotcharskaïa.

(*On entend un coup de feu. Tout le monde se précipite vers la porte.*)

UN GARS (*entrant*)

Zoïa Berezkine s'est tuée.

UN GARS

Qu'est-ce qu'elle va se faire critiquer à la cellule!

DES VOIX

Secours... Au secours... Des secours...

UNE VOIX

Allô! Le service des urgences ? Quoi ? Elle s'est tiré une balle dans la poitrine ? Passage-des-Chèvres-prolongé, au 16...

(*Prissipkine, tout seul, ramasse rapidement son attirail.*)

L'AJUSTEUR

Dire qu'une fille comme ça se troue la peau pour l'ordure gominée que tu es! Fous le camp!

(*Il attrape Prissipkine par le col de la veste et le jette à la porte avec tous ses paquets.*)

LE BALAYEUR
(*arrive en courant avec le médecin*)

Eh ben, mon gars, ça fait du bruit quand tu quittes ta classe.

PRISSIPKINE (se *détourne et hurle*)

Cocher, rue Lounotcharskaïa, au 17. Avec les paquets.

TROISIÈME TABLEAU

Grand salon de coiffure. Les murs sont tapissés de miroirs. Devant les miroirs, il y a d'énormes fleurs en papier. Les guéridons sont couverts de bouteilles. Côté jardin, un piano la gueule ouverte. Côté cour, un fourneau dont les tuyaux serpentent à travers toute la pièce. Au milieu une table ronde. A table : Pierre Skripkine, Elzévire Renaissance, deux témoins hommes et deux témoins femmes, le père et la mère Renaissance, le compère comptable et la commère. Oleg Bayan est au centre de la table et dirige la cérémonie en tournant le dos au public.

ELZÉVIRE

On commence, Skripotchka ?

SKRIPKINE

Faut attendre.

(*Un temps.*)

ELZÉVIRE

Skripotchka, on commence ?

SKRIPKINE

J'ai dit : faut attendre. Je désire me marier d'une façon organisée et en présence des invités d'honneur : notamment en la présence de la personne du secrétaire du comité de l'usine, le respectable camarade Lassallovitch... Et toc!

UN INVITÉ (*entre en courant*)

Chers camarades jeunes mariés, veuillez avoir l'obligeance d'excuser mon retard, mais je suis mandaté pour vous transmettre les souhaits de notre grand et respectable chef, le camarade Lassallovitch. Demain, qu'il a dit, je serais prêt à me rendre à l'église, mais aujourd'hui — je peux pas, qu'il a dit. Aujourd'hui, il y a assemblée du Parti et faut que j'aille à la cellule, a-t-il dit. Passons, comme on dit, aux affaires courantes.

PRISSIPKINE

Je déclare la cérémonie ouverte.

ROSALIE PAVLOVNA

Servez-vous, s'il vous plaît, camarades et m'sieu-dames. Où trouverez-vous de la charcuterie pareille ? J'ai acheté ce jambon il y a trois ans, pour s'il y avait la guerre avec la Grèce ou la Pologne. Mais... y a pas encore de guerre et le jambon commence un peu à s'abîmer. Mangez, m'sieu-dames.

TOUS (*ils lèvent leurs verres*)

C'est amer! C'est amer!

(*Elzévire et Pierre s'embrassent.*)

TOUS

C'est amer. C'est ame-e-e-er!

(*Elzévire se suspend à Pierre. Pierre l'embrasse avec componction. On voit qu'il a conscience de sa nouvelle dignité de classe.*)

Pourquoi qu'on fêterait leur anniversaire tous les jours, autrement ?

LE COMPÈRE COMPTABLE

Du Beethoven! Du Shakespeare! (1) Du spectacle!

(*On amène le piano.*)

(1) *Prononcer à la française. N. d. T.*

DES VOIX

Prenez-le par en dessous, par en dessous. Qu'est-ce qu'il a comme dents, ça donne envie de taper dessus!

PRISSIPKINE

Ne marchez pas sur la queue du piano.

BAYAN

(*se lève, oscille et renverse son verre*)

Je suis heureux, heureux de voir que le chemin rempli de luttes du camarade Skripkine reçoit une brillante conclusion. Il a perdu sur ce chemin, c'est vrai, une carte du Parti, mais il y a trouvé beaucoup d'obligations de l'emprunt d'Etat. Nous avons réussi à intégrer et à coordonner leurs contradictions de classe et autres, et l'homme armé d'un regard marxiste ne peut pas ne pas y voir, comme dans une goutte d'eau en quelque sorte, le bonheur futur de l'humanité, appelé communément socialisme.

TOUT LE MONDE

C'est amer! C'est amer!

(*Elzévire et Skripkine s'embrassent.*)

BAYAN

Les pas dont nous marchons en avant dans le chemin de notre édification familiale sont réellement des pas de géant. Quand nous mourions les uns et les autres en Crimée et que même beaucoup y sont morts tout à fait, pouvions-nous supposer que ces roses fleuriraient dans le contexte historique présent ? Quand nous étions opprimés sous le joug de l'autocratie, nos grands maîtres Marx et Engels pouvaient-ils, eux tout au moins, rêver en supposant ou même supposer en rêvant que les liens d'Hyménée viendraient attacher le travail, anonyme mais grandiose, au capital, abattu mais charmant ?

TOUT LE MONDE

C'est amer! C'est amer!

BAYAN

Chers citoyens! La beauté, c'est le moteur du progrès. Que serais-je si j'étais un simple travailleur ? Botchkine, — simplement Botchkine. Que pouvais-je faire en tant que tel ? Braire — et puis c'est tout. Alors qu'étant Bayan... Par exemple :

Oleg Bayan
Va de joie criant.

Et à présent me voici Oleg Bayan, et, membre de plein droit de la société, je peux m'initier à toutes les richesses de la culture et je peux jurer, non, c'est-à-dire que justement, jurer, je peux pas, ça ne se fait pas, mais je peux m'exprimer à tout le moins comme le faisaient les anciens Grecs : « Elzévire Skripkina, — envoyez-nous donc le plat! » Et le pays tout entier peut me répondre, comme les troubadours le faisaient dans le temps :

Pour vous rincer le goulot
A la santé de ce qu'est beau,
V'la un verre de vodka et une queue d'hareng,
Veuillez les accepter, camarade Bayan!

TOUT LE MONDE

Bravo! Hourra! C'est amer!

BAYAN

La beauté, c'est la mère de...

UN TÉMOIN (*avec une figure sombre*)

Comment ? Vous pouvez pas être poli en présence des jeunes mariés!

(*On entraîne le témoin.*)

TOUT LE MONDE

Beethoven! Une polka!

(*On entraîne Bayan vers le piano.*)

BAYAN

Par les monts et par les plaines
Tous les trams se rassemblaient,
Y avait un beau mariage rouge
Qui v'nait d'être enregistré...

TOUT LE MONDE (*en sourdine*)

Le marié en salopette
Avait une cart' syndicale...

LE COMPTABLE

J'ai compris. J'ai tout compris, ça veut dire :

Porte-toi bien Oleg Bayan,
P'tit agneau charmant...

LE COIFFEUR
(*la fourchette à la main, il parle à la commère*)

Non, madame, après la révolution on ne trouve plus de gens qui frisent naturellement. Un chignon gaufré, ça se fait comme ça... On prend un fer (*il manipule la fourchette*), on le chauffe sur un feu doux, à la étoile (*il fourre la fourchette dans le four*) et on vous confectionne sur la tête un de ces soufflés aux cheveux...

LA COMMÈRE

Vous blessez ma dignité de mère et de vierge... Lâchez-moi... Enfant de salaud, va...

LE TÉMOIN

Qui c'est qu'a dit « enfant de salaud ? » Soyez correcte en présence des jeunes mariés.

(*Le comptable les sépare en chantonnant; il essaie en même temps de tourner la manivelle de la caisse enregistreuse, comme s'il s'agissait d'un orgue de barbarie.*)

ELZÉVIRE (*à Bayan*)

Ah! Vous voulez pas jouer quelque chose. « Makarov désespéré par Vera Kholodnaïa. » Ah! c'est si *charmant*... Ah! c'est simplement une *petite histoire* (1)...

LE TÉMOIN (*armé d'une guitare*)

Qui a dit « pissoir » ? Soyez correct en présence...

(*Bayan l'écarte et s'assied au piano.*)

LE TÉMOIN (*menaçant*)

Alors, pour le prolétariat, on ne joue que sur les noires ? Toutes à la fois, c'est pour la bourgeoisie ?

BAYAN

Voyons, citoyen, voyons! Vous voyez pas que j'accorde aux blanches toute mon attention ?

(1) En français dans le texte. Réminiscence de Gogol. N.d.T.

LE TÉMOIN

Ah! ouais, parce que l'os blanc, c'est pour le sang bleu ? Faut jouer sur toutes les touches, compris ?

BAYAN

Mais c'est ce que je fais.

LE TÉMOIN

T'es d'accord avec les blancs alors ? Opportuniste!

BAYAN

Camarade... Vous voyez bien que c'est une double croche...

LE TÉMOIN

Comment ? Me traiter de cloche ? Devant les jeunes mariés ? Tiens... encaisse...

(Il lui balance un coup de guitare sur le crâne. Le coiffeur entortille au bout de sa fourchette les cheveux de la commère. Prissipkine se place entre le comptable et Elzévire.)

PRISSIPKINE

Pourquoi vous voulez planter ce hareng dans la poitrine de ma femme ? C'est pas une pelouse, c'est une poitrine, c'est pas un chrysanthème non plus, c'est un hareng!

LE COMPTABLE

Et du saumon, nous, on en a bouffé, du saumon ? Et vous croyez que vous allez la ramener pendant longtemps ?

(Ils se battent, renversent la mariée — dont les voiles prennent feu — sur le fourneau qui se renverse à son tour. Tout prend feu.)

DES CRIS

Au feu... Qui a dit « au feu » ? Au secours! Du saumon... Au feu!

QUATRIÈME TABLEAU

Dans la nuit d'encre un casque de pompier reluit près des flammes : le capitaine est seul. Des pompiers agents de liaison entrent et sortent.

PREMIER POMPIER

On y arrive pas, camarade capitaine. Personne n'a appelé pendant plus de deux heures... Ils sont soûls comme des bourriques... Ça brûle comme une soute à munitions. (*Il sort.*)

LE CAPITAINE

Pourquoi que ça brûlerait pas ? Il n'y a que des toiles d'araignées et de l'alcool.

DEUXIÈME POMPIER

Ça s'éteint. Y fait un froid de canard, l'eau gèle en sortant des lances. La cave est pleine d'eau, mieux qu'une patinoire. (*Il sort.*)

LE CAPITAINE

On a trouvé les corps ?

TROISIÈME POMPIER

On en a chargé un, il a les reins cassés, il a dû être

assommé par une poutre. Bon pour la morgue. (*Il sort.*)

QUATRIÈME POMPIER

On vient d'embarquer un corps calciné de sexe inconnu avec une fourchette plantée dans la tête.

PREMIER POMPIER

On vient de découvrir sous le fourneau une femme qu'a une couronne de fil de fer sur les vertèbres du cou.

TROISIÈME POMPIER

On a découvert un inconnu, il a un physique d'avant-guerre et la caisse dans les mains — c'était sûrement un bandit quand il était en vie.

DEUXIÈME POMPIER

Aucun vivant... Parmi les cadavres, il en manque un, je suppose, conformément au fait de la non-découverte, qu'il a dû brûler en pièces détachées.

PREMIER POMPIER

Tu parles d'un feu d'artifice! Un vrai cirque, sauf que tous les clowns ont brûlé.

TROISIÈME POMPIER

Ils sont rentrés du mariage,
Du mariage en ambulance...

(*La trompette appelle les pompiers. Ils se mettent en rangs et défilent à travers tout le théâtre, en scandant.*)

LES POMPIERS

Camarades et citoyens,
l'alcool est un poison!
Les ivrognes
foutront le feu
à la république
pour un rien!
Avec vos cheminées
vos réchauds à alcool
vous mettrez l'feu à vot'maison
Et vous brûl'rez
sans rémission!
L'incendie est causé
Par des rêves mal placés,
Ne lisez pas
En vous endormant
Nadson et Jarov (1).

CINQUIÈME TABLEAU

Une immense salle de congrès en forme d'amphithéâtre. Les hommes sont remplacés par des haut-parleurs. Près de ceux-ci, des mains de métal, type indicateur de direction automobile. Au-dessus, lampes électriques de couleur. Sous le plafond, des écrans. Au milieu, une tribune avec un micro. Au bord de la tribune, régulateurs et boutons de branchement des voix et de la lumière. Deux mécani-

(1) S. Y. Nadson (1862-1887). A. A. Jarov, poète soviétique (né en 1904), parfois superficiel et déclamatoire. N.d.T.

ciens — un jeune et un vieux — travaillent dans la salle faiblement éclairée.

LE VIEUX

(*tout en passant un plumeau sur les haut-parleurs*)

Il y a un vote important, aujourd'hui. Il faut graisser et contrôler la machine à voter des régions agraires. La dernière fois on a eu des pépins. Ça votait avec des étincelles.

LE JEUNE

Les régions agraires ? D'accord. Je vais graisser les régions centrales. Je passerai à la peau de chamois le bec des appareils de Smolensk. La semaine dernière ils ont sifflé. Faut revisser les mains des groupements d'employés des capitales; ils ont une espèce de déviation, autrement : la gauche accroche la droite.

LE VIEUX

Les usines de l'Oural sont prêtes. Les usines métallurgiques de Koursk, on va les brancher tout de suite. On vient d'y monter un nouvel appareil prévu pour soixante-deux mille voix du deuxième groupe de centrales sur le Dniepr. Ça marche tout seul avec eux.

LE JEUNE

Tu te rappelles, toi, comme c'était avant ? Ça devait être drôle, non ?

LE VIEUX

Une fois ma mère m'a emmené à une réunion, j'étais pas grand. Il n'y avait pas beaucoup de monde — un millier de personnes, peut-être, elles étaient plantées là sur leur chaise à ne rien faire et à écouter. Ça devait être une question importante, elle est passée à une voix. Ma mère était contre, mais elle n'a pas pu voter, parce qu'il fallait qu'elle me tienne.

LE JEUNE

Tu parles! Du travail artisanal!

LE VIEUX

Avant, un appareil comme ça, ça n'aurait servi à rien. Des fois, il y avait des gens qui devaient à tout prix lever la main les premiers — pour se faire remarquer — alors ils la fourraient sous le nez du président de séance, ils lui fourraient presque les deux mains dans le nez, en regrettant seulement de n'avoir pas douze mains comme la vieille déesse Isis pour pouvoir voter avec toutes. Y en a beaucoup d'autres qui voulaient planquer leur peau. On raconte qu'il y avait un type comme ça qui est resté dans les waters pendant toute la séance — il avait peur de voter. Il est resté là à réfléchir, il voulait sauver sa peau politique.

LE JEUNE

Il l'a sauvée ?

LE VIEUX

Il l'a sauvée... On l'a nommé à un autre poste. Comme on a vu qu'il se sentait attiré par les chiottes, on l'a nommé là-bas grand responsable, pour surveiller le savon et les serviettes. C'est prêt ?

LE VIEUX

C'est prêt!

(Ils descendent vers les tables de commande et les câbles. Un homme avec barbe et lunettes

ouvre la porte, monte droit sur l'estrade en tournant le dos à l'auditoire imaginaire et fait un geste d'orateur.)

L'ORATEUR

Branchez en même temps tous les districts de la Fédération.

LE VIEUX ET LE JEUNE

Tout de suite!

(*Toutes les lampes vertes, rouges et bleues s'allument à la fois.*)

L'ORATEUR

Allô! Allô! Ici le Président de l'Institut des Résurrections Humaines. La question a été diffusée par télégrammes et discutée, elle est simple et claire. Une brigade de maçons qui posait des fondations à l'endroit où se trouvait l'ancienne ville de Tambov, actuellement à l'angle de la soixante-deuxième rue et de la dix-septième avenue, a découvert à une profondeur de sept mètres, dans ce qui fut autrefois une cave, un énorme bloc de glace. Pris dans celui-ci et malgré l'opacité de la glace, on devine un visage et un corps humain. L'Institut pense qu'il est possible de procéder à la résurrection du représentant de l'espèce humaine congelé il y a cinquante ans.

Restent à régler les divergences d'opinions.

L'Institut pense que la vie de tout ouvrier doit être utilisée jusqu'à la dernière seconde.

La radiographie a révélé l'existence de durillons sur les mains de l'individu en question, signe distinctif, il y a cinquante ans, du travailleur. Nous rappelons qu'après les guerres qui ravagèrent le monde et les guerres civiles aux termes desquelles fut créée la Fédération de la Terre, la vie de l'homme est inviolable au titre du décret du 7 novembre 1965. Je vous transmets les objections de la station épidémiologique, qui craint la diffusion des bacilles qui pullulaient sur les anciens habitants de l'ancienne Russie. En pleine conscience, en toute responsabilité, je vous appelle à trancher le cas. Camarades, souvenez-vous, souvenez-vous et souvenez-vous encore :

Nous allons voter
pour
une vie humaine!

(*Les lampes s'éteignent, on entend une sonnerie stridente; une résolution, répétée par l'orateur, apparaît sur un écran.*)

« Au nom des recherches poursuivies sur les habitudes laborieuses de l'humanité ouvrière, au nom de l'étude comparée et tangible des mœurs, nous exigeons la résurrection. »

(*On entend la moitié des haut-parleurs :* « C'est juste. » *Puis :* « On est contre. » *Silence. L'écran s'éteint. Deuxième coup de sonnette : une nouvelle résolution s'inscrit sur l'écran. L'orateur répète :*)

« Résolution proposée par les postes de contrôle sanitaire des entreprises métallurgiques et chimiques du Donbass : Pour éviter le danger de la diffusion des bacilles de la flagornerie et de la vanité, maladies caractéristiques des années 1929, nous exigeons que l'objet d'exposition demeure à l'état congelé. »

(*Les haut-parleurs crient :* « Contre », *quelques voix isolées :* « C'est juste. »)

L'ORATEUR

Y a-t-il encore des résolutions et des additifs ?

(*Un troisième écran s'allume, l'orateur répète :*)

« Les régions agraires de la Sibérie demandent que la résurrection ait lieu en automne, une fois les travaux agricoles terminés, afin que les grandes masses puissent être présentes plus facilement. »

(*Une majorité écrasante de haut-parleurs :* « On est contre. Rejetez la motion! » *Les lampes s'allument.*)

Je mets aux voix, ceux qui sont pour la première résolution, levez la main!

(*Une majorité écrasante de mains de fer se lèvent.*)

Abaissez! Qui est pour l'amendement de la Sibérie?

(*Deux mains isolées.*)

La réunion fédérale a décidé : « La résurrection! »

(*Tous les haut-parleurs crient :* « Bravo! » *Silence.*)

L'ORATEUR

La réunion est close.

(*Les reporters se précipitent dans la salle par la porte ouverte à deux battants. L'orateur a un mouvement vers eux et crie :*)

Résurrection! Résurrection! Résurrection!

LE PREMIER REPORTER

Allô!... Sur 472 mètres et demi... *Izvestia* de Tchoukotie... Résurrection!

LE DEUXIÈME REPORTER

Allô! Allô! Dans la bande des 376 mètres... *Pravda du soir* de Vitebsk... Résurrection!

LE TROISIÈME REPORTER

Allô! Allô! Allô! Dans la bande des 211 mètres... *Pravda* du Komsomol de Varsovie... C'est la résurrection!

LE QUATRIÈME REPORTER

Le lundi littéraire d'Armavir. Allô! Allô!

LE CINQUIÈME REPORTER

Sur 44 mètres... *Izvestia* du Soviet de Chicago... Résurrection!

LE SIXIÈME REPORTER

Allô! Allô! Allô! Sur 115 mètres... *Le journal rouge* de Rome. Résurrection!

LE SEPTIÈME REPORTER

Allô! Allô! Allô! Sur 78 mètres... *Le va-nu-pieds* de Changhaï... Résurrection!

LE HUITIÈME REPORTER

Allô! Allô! Allô! Sur 11 mètres... *Le Pionnier* de Kaboul... Résurrection!

(*Des porteurs de journaux font irruption avec la dernière édition.*)

LE PREMIER PORTEUR DE JOURNAUX

Dégeler ou ne pas dégeler ? Editorial à la clef.

LE DEUXIÈME PORTEUR DE JOURNAUX

Grande enquête mondiale annoncée dans notre

journal : « Le microbe du lèche-bottes va-t-il se propager ? »

LE TROISIÈME PORTEUR DE JOURNAUX

Articles scientifiques sur les guitares anciennes,
les romances antiques
et sur toutes les machines à décerveler!
Tous les détails techniques!

LE QUATRIÈME PORTEUR DE JOURNAUX

Dernières nouvelles... Interview! Interview!

LE CINQUIÈME PORTEUR DE JOURNAUX

La Revue des Sciences va publier : « Insultes, jurons et obscénités. » Liste complète rendue inoffensive!

LE SIXIÈME PORTEUR DE JOURNAUX

Dernier message radiophonique!

LE SEPTIÈME PORTEUR DE JOURNAUX

Un problème historique posé scientifiquement : « Une cigarette peut-elle
tuer un éléphant ? »

LE HUITIÈME PORTEUR DE JOURNAUX

Drôle à se tordre,
Triste à pleurer!
Le mot « alcoolique »
Enfin expliqué!

SIXIÈME TABLEAU

Une porte en verre dépoli à deux battants; murs de verre. On devine à travers les murs les parties métalliques des installations médicales. Devant le mur on voit un professeur et une assistante âgée dont les traits rappellent ceux de Zoïa Berezkine. Tous les deux sont en blouse blanche.

ZOÏA

Camarade! Camarade professeur, je vous en prie, ne faites pas cette expérience. Camarade professeur, ça va encore faire du bordel...

LE PROFESSEUR

Camarade Berezkine, vous ne vivez plus que de souvenirs et vous parlez une langue incompréhensible. Un vrai dictionnaire d'archaïsmes. Qu'est-ce que ça veut dire « faire du bordel » ? (*Il cherche dans le dictionnaire.*) Bordel... Bordel... Bordel... Bureaucratisme, bohème (vie de), boutique, bouif, buffet... faire du bordel : « Forme d'activité de gens qui voulaient empêcher toute forme d'activité... »

ZOÏA

Il y a cinquante ans, son « activité » a failli me coûter la vie. J'en suis même arrivée à... à essayer de me suicider.

LE PROFESSEUR

Suicider ? Qu'est-ce que ça veut dire — « suicider » ? (*Il cherche dans le dictionnaire.*) Servilité, soliveau, solipsisme, stupéfiants, suicide, ça y est. (*Il lit, puis avec étonnement.*) Comment, vous vous êtes tiré dessus ? Une condamnation ? Le tribunal ? La justice révolutionnaire ? Qui vous l'a ordonné ?

ZOÏA

Non... Je l'ai fait toute seule.

LE PROFESSEUR

Toute seule ? Par imprudence ?

ZOÏA

Non... Par amour.

LE PROFESSEUR

Par amour ? Ça ne tient pas debout... L'amour, ça fait faire des enfants et construire des ponts... Et vous... vous... Ouais, ouais, ouais...

ZOÏA

Voulez-vous me dispenser de ce travail ? Vraiment, je ne peux pas.

LE PROFESSEUR

C'est justement ça... comment vous avez dit tout à l'heure... « faire du bordel ». Oui, oui, oui, c'est bien ça! La société vous propose d'extérioriser tous les sentiments dont vous êtes maître pour que le sujet soumis à la décongélation puisse franchir aussi facilement que possible cinquante années d'anabiose. Oui. Oui. Oui. Votre présence est importante, très importante. Je suis très heureux que vous soyez venue. (*Sentencieux.*) Lui — c'est lui. Et vous — c'est elle. Dites-moi, avait-il les cils tendres ? Pour qu'on ne les casse pas au cours d'une décongélation trop rapide...

ZOÏA

Camarade professeur, comment voulez-vous que je me rappelle des cils vieux de cinquante ans...

LE PROFESSEUR

Comment ? Il y a cinquante ans ? Mais c'était hier... Et moi, je me souviens bien de la couleur des poils qui poussaient sur la queue d'un mastodonte qui vivait il y a un demi-million d'années. Oui, oui, oui... Et ne vous rappelez-vous pas, par hasard... est-ce que ses narines palpitaient violemment quand il aspirait l'air en compagnie de gens excités ?

ZOÏA

Camarade professeur, comment voulez-vous que je m'en souvienne ? Depuis plus de trente ans déjà personne ne palpite plus des narines dans un cas semblable.

LE PROFESSEUR

Bien. Bien. Bien. Et vous n'avez aucun renseignement sur le volume de l'estomac et du foie ? Ce serait bon à savoir. Il faut prévoir une émission d'alcool et de vodka qui pourraient prendre feu avec le courant à haute tension employé.

ZOÏA

Voyons, camarade professeur, je ne me souviens pas. Je me souviens, il avait un ventre...

(*Un temps.*)

LE PROFESSEUR

Mais vous ne vous souvenez de rien, camarade Berezkine! Dites-moi, au moins, était-il impétueux ?

ZOÏA

Je ne sais pas... C'est possible, mais... pas avec moi.

LE PROFESSEUR

Bien. Bien. Bien. Je crains qu'en le décongelant, nous ne vous décongélions aussi. (*Il rit.*) Oui. Oui. Oui... Bon, on commence.

(*Il appuie sur un bouton, le mur de verre s'ouvre lentement. Au milieu, sur une table d'opération, brille une caisse de zinc en forme de cercueil. La caisse est garnie de robinets. Sous chaque robinet, il y a un seau. Des câbles électriques sont fixés à la caisse. Ballons d'oxygène. A l'avant-scène, six lavabos. Six essuie-mains sont accrochés à un fil invisible. Six médecins vêtus de blanc, très calmes, sont présents.*)

LE PROFESSEUR
(*va de l'un à l'autre et donne des indications à chacun*)

(*Au premier* :) Branchez le courant à mon signal!
(*Au deuxième* :) Amenez la température du corps à 36,4 — quinze secondes par dixième!
(*Au troisième* :) Préparez les ballons d'oxygène!
(*Au quatrième* :) Laissez sortir l'eau graduellement, en remplaçant la glace par la pression de l'air!
(*Au cinquième* :) Ouvrez le couvercle d'un seul coup!

(*Au sixième* :) Observez les différents stades du retour à la vie dans le miroir! (*Un temps.*) On commence!

(*Le courant est branché, ils regardent les thermomètres. L'eau coule goutte à goutte. Un des docteurs colle son œil à un hublot pratiqué sur la paroi de droite.*)

LE SIXIÈME MÉDECIN

Le visage reprend sa coloration naturelle. (*Un temps.*) Il est libéré de la glace. (*Un temps.*) La poitrine se soulève. (*Un temps.*) Professeur, regardez cette agitation saccadée...

LE PROFESSEUR
(*s'approche, regarde et dit sentencieusement*)

Les mouvements sont normaux, il se gratte, — les parasites qui accompagnent naturellement les représentants de cette espèce sont en train de reprendre vie.

LE SIXIÈME MÉDECIN

Professeur, un phénomène mystérieux! La main gauche s'écarte du corps...

LE PROFESSEUR (*regarde à travers le hublot*)

Ils appelaient ça « une âme sensible ». Dans l'antiquité il y avait Stradivarius et Outkine. Stradivarius fabriquait des violons et Outkine ces trucs-là — ça s'appelait guitare.

(*Le professeur examine le thermomètre et l'appareil qui enregistre la pression sanguine.*)

LE PREMIER MÉDECIN

36,1.

LE DEUXIÈME MÉDECIN

68 pulsations.

LE SIXIÈME MÉDECIN

La respiration s'égalise.

LE PROFESSEUR

A vos places.

(*Les médecins s'écartent de la caisse. Le couvercle saute d'un seul coup et Prissipkine, tout hérissé et étonné, sort de la caisse. Il jette des regards égarés à la ronde et serre sa guitare contre lui.*)

PRISSIPKINE

Eh ben, qu'est-ce que j'ai roupillé. M'ande pardon, camarades, j'avais un p'tit coup dans l'aile. Je suis dans quel détachement de la milice ?

LE PROFESSEUR

Non, ce n'est pas du tout un détachement de ce genre. Ici, on détache la pellicule de glace qui collait à votre épiderme gelé.

PRISSIPKINE

De quoi ? C'est vous qu'êtes gelé. Encore à voir celui qu'est soûl, de nous deux. Bande de spécialistes, va, tout le monde sait que les toubibs, ça se tape de l'alcool à 90° à tire-larigot. Et puis, moi, je peux toujours justifier mon identité. J'ai mes papiers, moi. (*Il retourne ses poches.*) J'ai 17 roubles et 60 copecks sur moi. Les cotisations de la Société de Préparation Militaire ? Voilà. De la Société de Lutte contre l'Analphabétisme — c'est payé! Ça, c'est quoi ? Le certificat de mariage! (*Il siffle d'étonnement.*) Mais je me suis marié hier! Oh! ma divine, où êtes-vous à présent ? Qu'est-ce que ça va faire comme foin à la maison! Le reçu des témoins est là. La carte syndicale est là. (*Son regard tombe sur un calendrier, il se frotte les yeux et regarde horrifié autour de lui.*) Le 12 mai 1979 ? Mais ça fait combien de temps, alors, que j'ai pas payé mes cotisations au syndicat ? Cinquante ans. Qu'est-ce que je vais remplir comme formulaires! La fédération! Le C.C.! Seigneur! Ma femme... Lâchez-moi!

(*Il serre la main à tous et sort en courant. Zoïa, inquiète, le suit. Les médecins entourent le professeur.*)

TOUS EN CHŒUR

Que faisait-il avec ses mains ? Pourquoi a-t-il pris toutes les mains pour les secouer ?

LE PROFESSEUR

C'est une coutume antihygiénique de l'antiquité.

(*Les six médecins et le professeur se lavent pensivement les mains.*)

PRISSIPKINE (*se heurte à Zoïa*)

Qui vous êtes, citoyenne, au juste ? Qui suis-je ? Où suis-je ? Vous ne seriez pas le mère de Zoïa Berezkine, des fois ?

(*Le hurlement d'un klaxon lui fait tourner la tête.*)

Où suis-je tombé ? Où je débarque ? Qu'est-ce que c'est ? Moscou ?... Paris ?... New York ?... Un fiacre...

(On entend un chœur de klaxons.)

Pas d'hommes, pas de chevaux. Des machines! Des machines! Des machines...

(Il s'appuie à la porte, se frotte le dos contre le mur, se retourne et aperçoit sur le mur blanc une punaise qu'il avait sur son col.)

Une punaise, une vraie punaise, ça alors, c'est chouette!

(Il plaque des accords sur la guitare et chante.)

Si toi aussi tu m'abandonnes...

(Il essaie d'attraper la punaise qui se met à courir sur le mur.)

Comme des bateaux qui suivent
Chacun sa route,
séparons-nous! Il est parti! Encore tout seul... Je suis seul ce soir... Un fiacre, des automobiles... rue Lounatcharskaïa, 17. Sans bagages...

(Il tombe évanoui dans les bras de Zoïa Berezkine qui arrive juste à temps pour le recevoir.)

SEPTIÈME TABLEAU

Au milieu de la scène on voit le triangle d'un square où sont plantés trois arbres artificiels. Le premier a de grandes feuilles vertes carrées et porte des assiettes garnies de mandarines. Le deuxième, des assiettes en papier garnies de pommes. Des pommes de pin — flacons de parfum ouverts — pendent sur le troisième. Sur les côtés de la scène, maisons de béton et de verre. Le triangle du square est délimité par des bancs. Entre un reporter suivi de quatre personnes : hommes et femmes.

LE REPORTER

Par ici, camarades! A l'ombre! Je vais vous raconter dans l'ordre tous ces événements sinistres et étonnants. Premièrement... Passez-moi des mandarines! Je suis content que la municipalité aujourd'hui ait fait mandariner les arbres, hier, il n'y avait que des poires — ça n'a pas de jus, pas de saveur et c'est pas nourrissant...

(*Une jeune fille prend une assiette de mandarines sur l'arbre, les assistants les épluchent et mangent, en se penchant avec curiosité vers le reporter.*)

UN HOMME

Allons, vite, camarade, racontez tout dans l'ordre et avec des détails.

LE REPORTER

Eh bien! voilà... Que ces mandarines sont juteuses! Vous n'en voulez pas? Bon, bon, je raconte! Quelle impatience! Bien sûr que je sais tout, moi, je suis un as du reportage, moi... Tenez, vous voyez, vous voyez ?

(*Un homme à la démarche rapide passe devant eux, il a une trousse de médecin et des thermomètres.*)

C'est un vétérinaire. L'épidémie gagne du terrain. Livré à lui-même, ce mammifère ressuscité est entré en contact avec tous les animaux domestiques du gratte-ciel et maintenant tous les chiens sont contaminés. Il leur a appris à se tenir sur leurs pattes de derrière. Les chiens n'aboient plus, ne jouent plus, ils passent leur temps à faire le beau. Ils poursuivent de leurs caresses les personnes attablées et font des grâces pour avoir un sucre. Les médecins disent que les hommes mordus par de tels animaux présenteront tous les symptômes primaires du « lèche-bottes » épidémique.

LES ASSISTANTS

Oh! o-o-oh!

LE REPORTER

Regardez! Regardez!

(*Arrive un homme titubant chargé de paniers remplis de bouteilles de bière.*)

LE PASSANT (*chante*)

Ah! que nos pères étaient heureux
Quand ils étaient à table!
Car ils buvaient à qui mieux mieux,
C'était fort agréable...
Buvaient de la vodka et de la bière brune,
Avaient le nez en fleur, violet comme une prune!

LE REPORTER

Regardez, un malade, c'est un homme fini. C'est un des cent soixante-quinze ouvriers du deuxième laboratoire de médecine. Afin de faciliter l'existence du mammifère ressuscité au stade de transition, les médecins ont prescrit de lui donner à boire un mélange qui est toxique à doses massives et répugnant à petites doses. C'est ce qu'on appelle de la bière. Les émanations nocives ont causé des vertiges aux ouvriers qui par une funeste erreur ont avalé ce mélange rafraîchissant. Depuis, on a déjà relevé trois équipes de travailleurs. Cinq cent vingt travailleurs sont actuellement hospitalisés, mais l'épidémie progresse d'heure en heure et se déverse en vagues furieuses sur les habitants à qui elle coupe les jambes.

LES ASSISTANTS

A-a-a-a-ah!

UN DES HOMMES (*rêveur et languissant*)

Je me sacrifierais bien à la science, — qu'on m'inocule aussi les germes de cette terrible maladie.

LE REPORTER

Le voilà atteint! Lui aussi, il est malade! Silence... N'effrayez pas cette lunatique...

(*Arrive une jeune fille dont les pieds exécutent des pas de charleston et de fox-trot; elle susurre des vers qu'elle lit dans un livre porté à bout de bras. Elle tient dans l'autre main une rose imaginaire dont elle aspire le parfum en la portant à son nez.*)

La malheureuse, elle loge juste à côté de chez ce mammifère enragé. Un soir, quand toute la ville dormait, elle a entendu à travers le mur les grondements d'une guitare accompagnés de sons syncopés épouvantables et de sanglots psalmodiés. Je ne sais plus comment ils appelaient ça : des « romances », je crois. La pauvre fille a commencé à perdre l'esprit. Les parents, fous de douleur, appellent des sommités médicales. Les professeurs disent qu'elle est atteinte du « mal d'amour », — c'est ainsi qu'on appelait une maladie aujourd'hui disparue : (*il récite*) l'énergie sexuelle de l'homme répartie aujourd'hui avec équilibre sur la durée de la vie, inopinément se condensait en une semaine en un processus inflammatoire fulgurant qui se concrétisait dans des actes incongrus et invraisemblables.

LA JEUNE FILLE
(*cache son visage dans ses mains*)

Il vaut mieux que je ne regarde pas, je sens que ces affreux microbes amoureux envahissent l'air ambiant.

LE REPORTER

Elle est malade, elle aussi... C'est plus une épidémie! c'est un fléau...

(*Trente girls passent en dansant.*)

Regardez ce soixante pattes à trente têtes. (*A l'auditoire.*) Quand on pense qu'ils appelaient *Art* ces gesticulations de jambes...

(*Un couple entre en fox-trottant.*)

L'épidémie arrive... arrive... elle arrive où ? (*il regarde dans un dictionnaire*), à son a-po-gée, bon... mais ça, c'est déjà un quadrupède bisexué.

(*Le directeur du zoo entre en courant, tenant un coffret de verre. Il est suivi par une foule armée de longues-vues, d'appareils de photo et d'échelles d'incendie.*)

LE DIRECTEUR (*à tous*)

Vous l'avez vue ? Vous l'avez vue ? Où est-elle ?

Ah! vous n'avez rien vu ? Une équipe de chasseurs a rapporté qu'on l'avait vue là il y a un quart d'heure : elle déménageait au quatrième étage. Sa vitesse moyenne étant d'un mètre cinquante à l'heure, elle ne peut pas être loin. Camarades, examinez les murs sans retard.

DES VOIX DIVERSES

— On va pas la trouver comme ça! Il faut exposer un homme tout nu sur un matelas devant chaque fenêtre — faut l'appâter avec de l'homme...
— Criez pas comme ça, vous allez lui faire peur...
— Si je la trouve, je la donnerai à personne...
— T'as pas le droit : elle est propriété publique...

UNE VOIX ENTHOUSIASTE

Je l'ai trouvée... La voilà! Elle est là...

(*Les jumelles et les longues-vues sont pointées sur un même endroit. Le silence n'est troublé que par le déclenchement des appareils de photo et des caméras.*)

LE PROFESSEUR (*d'une voix étouffée*)

Oui... C'est elle. Placez des pièges et des sentinelles. Les pompiers, par ici...

(*Des hommes porteurs de filets se mettent en place. Les pompiers manœuvrent leur échelle et y montent en file indienne.*)

LE DIRECTEUR
(*laisse tomber sa longue-vue
et avec des sanglots dans la voix*)

Elle est partie... Elle a sauté sur le mur voisin...

S.O.S. Si elle tombe, elle se tue! A moi, volontaires! A moi, les têtes brûlées! A moi, les héros! Par ici...

(*On remonte l'échelle devant le troisième mur, des hommes y grimpent. Les spectateurs se figent dans l'attente.*)

UNE VOIX ENTHOUSIASTE (*d'en haut*)

Je la tiens! Victoire...

LE DIRECTEUR

Plus vite... Soyez prudent... Ne la laissez pas tomber, ne lui froissez pas les pattes...

(*On se passe l'animal de main en main le long de l'échelle. Le directeur enferme la bête dans le coffret qu'il brandit au-dessus de sa tête.*)

Humbles travailleurs de la science, je vous remercie!... Notre jardin zoologique est comblé, il est... chef-d'œuvrisé... Nous avons capturé un exemplaire rarissime d'un insecte aujourd'hui disparu et qui a été extrêmement répandu au début du siècle. Notre ville peut être fière! Savants et touristes vont se presser en foule dans nos murs... J'ai ici, dans mes mains, l'unique exemplaire vivant du « punaesius vulgaris », punaise vulgaire... Reculez, citoyens; l'animal est fatigué, l'animal croise ses pattes, l'animal veut se reposer. Je vous invite tous à la séance solennelle du jardin zoologique. « L'opération capture », si importante et si difficile, est terminée!

HUITIÈME TABLEAU

Le décor représente une pièce aux murs opalins éclairée d'une lumière bleutée. A gauche, une grande fenêtre. Devant la fenêtre, une table à dessin. A côté, un poste de radio et un écran. Trois ou quatre livres. A droite, un lit qui se rabat contre le mur. Prissipkine, parfaitement crasseux, est vautré sur le lit d'une blancheur étincelante. Plusieurs ventilateurs. Autour de Prissipkine, le sol est jonché de détritus. La table est couverte de mégots et de bouteilles renversées. Sur la lampe, un bout de papier rose. Le médecin marche nerveusement dans la pièce.

(*Entre le professeur.*)

LE PROFESSEUR

Comment va le malade ?

LE MÉDECIN

Je ne sais pas comment va le malade, mais moi, je me porte très mal. Si vous n'organisez pas la garde d'une façon telle que nous ne soyons pas relevés toutes les demi-heures, il va contaminer tout le monde. Chaque fois que son souffle m'atteint, je ne tiens plus sur mes jambes. J'ai déjà installé sept ventilateurs pour dissiper cette atmosphère.

PRISSIPKINE

O-o-o-oh!

(*Le professeur se précipite vers lui.*)

PRISSIPKINE

Professeur, dites donc, professeur...

(*Le professeur renifle et recule, comme atteint de vertige, en battant l'air de ses mains.*)

PRISSIPKINE

Un verre...

(*Le professeur verse de la bière au fond d'un verre qu'il lui tend.*)

PRISSIPKINE

(*avec reproche en se soulevant sur ses coudes*)

Alors, on ressuscite les gens et on se fout d'eux après ? Ça me fait autant qu'un soda à un éléphant!...

LE PROFESSEUR

La Société voudrait te donner les moyens de parvenir jusqu'au stade humain.

PRISSIPKINE

Que le diable vous emporte avec votre Société. Je ne vous ai pas demandé de me ressusciter. Recongelez-moi! Et toc!

LE PROFESSEUR

Je ne comprends pas ce que tu veux dire. Notre vie appartient à la collectivité et nous ne pouvons la...

PRISSIPKINE

Vous appelez ça une vie, vous ? On peut même pas épingler une photo de la bien-aimée contre le mur. Toutes les punaises se cassent sur vos foutues vitres... Camarade professeur, donnez-moi un verre!

LE PROFESSEUR (*remplit un verre*)

Voilà, mais ne respirez pas dans ma direction.

(*Zoïa Berezkine entre avec deux piles de livres. Les médecins échangent quelques mots à voix basse avec elle et sortent.*)

ZOÏA
(*elle s'assied à côté de Prissipkine et déballe les livres*)

Je ne sais pas si c'est très utile. Je n'ai rien trouvé de ce que tu voulais et personne ne sait de quoi il s'agit. On parle de roses dans les livres d'horticulture et de... métamorphoses dans les manuels d'entomologie. Voilà deux livres très intéressants datant de cette époque. Une traduction de l'anglais : Hoover, *Comment j'ai été président.*

PRISSIPKINE (*prend le livre et le jette*)

Non, c'est pas ça. Ça vous va pas droit au cœur. Faut quelque chose qui vous prenne aux tripes...

ZOÏA

En voilà un autre : *Lettres d'exil*, d'un certain Mussolini.

PRISSIPKINE (*prend le livre et le jette*)

Non, c'est pas ça. Ça ne parle pas à l'âme, ça! Fichez-moi la paix avec votre grosse propagande. Faut que ça soit poignant...

ZOÏA

Je ne sais pas ce que cela veut dire ? Prendre aux tripes ? Poigner ?

PRISSIPKINE

Alors ? On a versé notre sang, nous autres, et moi, je peux pas danser tant que ça me plaît une danse nouvelle en compagnie de gens qui me bottent ? et l'hégémonie de classe, alors ?

ZOÏA

J'ai montré cette façon que vous avez de vous mouvoir au directeur de l'Institut Central du Mouvement. Il dit qu'il a déjà vu ça sur une vieille collection de cartes postales de Paris. Maintenant il n'existe plus personne pour vous donner de renseignements là-dessus, a-t-il ajouté. Il y a bien deux vieilles dames qui s'en souviennent, mais elles ne peuvent plus faire de démonstration pour cause de vieillesse.

PRISSIPKINE

Mais alors, pourquoi que je me serais acquis une éducation brillante et transmissible ? J'avais pas besoin de la révolution pour travailler.

ZOÏA

Je t'emmènerai demain voir danser dix mille ouvriers et ouvrières sur la place. Ce sera une joyeuse répétition avant la mise en pratique d'un nouveau système de travaux agricoles.

PRISSIPKINE

Camarades, je proteste!!! J'ai pas été décongelé pour qu'on me dessèche. (*Il arrache la couverture, saute hors du lit, s'empare d'un paquet de livres, emballés dans un journal qu'il finit par lire attentivement après avoir voulu le déchirer.*) Où c'est ? Où vous avez pris ça ?

ZOÏA

On distribuait ça dans la rue... Ils ont peut-être glissé ça à l'intérieur, dans la bibliothèque.

PRISSIPKINE

Je suis sauvé... Victoire...

(Il court vers la porte en agitant le journal comme un drapeau.)

ZOÏA (*seule*)

J'ai vécu cinquante ans de plus et j'aurais pu mourir cinquante ans plus tôt à cause d'une ordure pareille.

NEUVIÈME TABLEAU

Le décor représente un jardin zoologique. Au milieu, une cage voilée de tissus et de drapeaux, à l'ombre de deux arbres. On devine derrière les arbres les cages des éléphants et des girafes. A gauche de la cage, une tribune, à droite une estrade pour invités de marque. Tout autour, des musiciens. Les spectateurs entrent par groupes. Le service d'ordre dispose les nouveaux arrivants selon leur taille et leur profession.

UN MEMBRE DU SERVICE D'ORDRE

Par ici, camarades correspondants étrangers. Plus près des tribunes. Allons, poussez-vous. Place aux Brésiliens. Leur aéronef vient d'atterrir sur l'aérodrome central. (*Il recule pour admirer le spectacle.*) Camarades noirs, mélangez-vous aux Anglais en formant des groupes hauts en couleur, la blancheur anglo-saxonne fera mieux ressortir votre teint... Les étudiants, à gauche; on vous envoie trois vieilles et trois vieux de l'Association des Centenaires. Ils compléteront les explications des professeurs par des récits de témoins oculaires.

(*Les vieux et les vieilles arrivent dans leurs petites voitures.*)

LA PREMIÈRE VIEILLE

Je me souviens comme si c'était maintenant...

LE PREMIER VIEILLARD

Non, c'est moi qui me souviens comme si c'était maintenant.

LA DEUXIÈME VIEILLE

Vous, vous vous souvenez de comme c'était comme maintenant, et moi de comme c'était avant ça.

LE DEUXIÈME VIEILLARD

Et moi, je me souviens comme si c'était maintenant de comme c'était avant.

LA TROISIÈME VIEILLE

Et moi, je me souviens comme c'était encore plus avant, tout à fait au début.

LE TROISIÈME VIEUX

Et moi, je me souviens comme maintenant et comme dans le temps.

LE MEMBRE DU SERVICE D'ORDRE

Doucement, les témoins oculaires, ne bavardez pas comme ça. Poussez-vous, camarades, les enfants arrivent. Par ici, camarades. Allons, pressons...

LES ENFANTS (*défilent en colonne et chantent*)

Pas de fautes à la dictée,
Les devoirs sont achevés,
Rédaction, arithmétique,
Le travail est terminé
Au jardin zoologique
Nous allons nous promener!
Avec tous les braves gens
On va voir les éléphants,
Les lions, les panthères
Et les dromadaires!

L'ORGANISATEUR

Nous demandons aux citoyens qui veulent faire plaisir aux animaux exposés ou bien les examiner dans des buts scientifiques, d'avoir l'obligeance d'acquérir produits exotiques dosés et matériel d'observation auprès du personnel officiel appartenant au zoo. L'arbitraire ou l'hypertrophie des doses peuvent avoir des conséquences mortelles. Nous vous demandons instamment de n'utiliser que ces produits et appareils à l'exclusion de tous autres. Ils sont fabriqués par l'Institut Central de Médecine et les Laboratoires Urbains de Mécanique de Précision.

(*Entrent les employés du Zoo.*)

LE PREMIER EMPLOYÉ

On prend pas une fourchette
pour manger de la soupe!
Camarades,
pour voir un microbe
prenez des microscopes
utilisez des loupes!

LE DEUXIÈME EMPLOYÉ

Un conseil du docteur Tobolkine :
Craignez la bave à la nicotine
si vous êtes atteint
prenez du phénol!

LE TROISIÈME EMPLOYÉ

Un spectacle inoubliable
le fauve prend son repas
Munissez-vous d'alcool et de tabac!

LE QUATRIÈME EMPLOYÉ

De la vodka tous les jours
vos animaux alcooliques
seront goutteux
idiots
et hépatiques.

LE CINQUIÈME EMPLOYÉ

Fumez comme un pompier
c'est la sclérose assurée!

LE SIXIÈME EMPLOYÉ

Ecouteurs filtratifs
pour gros mots agressifs.
Protégez vos oreilles
avec ces appareils!

L'ORGANISATEUR
(*se fraye un passage vers la tribune du Soviet de la ville*)

Le camarade président du Soviet et ses proches collaborateurs ont abandonné des tâches d'une extrême importance pour participer à nos festivités. Ils sont arrivés au son de l'hymne antique de notre Etat. Bienvenue à nos chers camarades!

(*Applaudissements unanimes. On voit arriver un groupe d'hommes portant de lourdes serviettes. Ils saluent dignement et chantent.*)

LE GROUPE

Les tâches écrasantes
Nous ont pas renfrognés
Nous aimons la détente,
Pour vivre, il faut chanter!
La ville vous accueille,
Guidée par ses élus,
Vous êtes notre orgueil
Vaillants chasseurs, salut!

LE PRÉSIDENT

(*monte à la tribune et agite un drapeau, silence*)

Camarades, je déclare les festivités ouvertes. Notre époque est grosse de profonds ébranlements et de préoccupations intérieures. Les événements extérieurs sont rares. L'humanité en est satisfaite. Néanmoins nous ne renonçons jamais à un spectacle qui, féerique quant à la forme, dissimule quant au contenu un sens scientifique profond.

Les malheureux événements dont notre ville a été le théâtre ont pu se produire uniquement grâce au séjour imprudemment toléré de deux parasites. Ces faits regrettables, dis-je, ont été jugulés par nos forces et les forces de la médecine mondiale. Néanmoins, ces événements, faible écho du passé, soulignent les horreurs d'une période révolue ainsi que la puissance et les difficultés propres à la lutte culturelle menée par l'humanité travailleuse.

Ces exemples funestes doivent tremper les âmes et les cœurs de notre jeunesse!

Je ne manquerai pas de dire ici ma reconnaissance à notre illustre directeur, qui a deviné le sens de ces étranges phénomènes et a transformé ces phénomènes pernicieux en un passe-temps scientifique et joyeux. Je lui passe la parole.

Hourra!

(Toute l'assistance crie « hourra », la musique joue une marche, le directeur du zoo grimpe à la tribune et salue dans toutes les directions.)

LE DIRECTEUR

Camarades. Je suis heureux et confus de votre attention. Tout en tenant compte de ma participation, je ne peux pas ne pas exprimer ma reconnaissance aux dévoués travailleurs de l'Union des Chasseurs, héros immédiats de la capture, ainsi qu'au respecté professeur de l'Institut des Résurrections, qui a vaincu la mort glaciaire. Néanmoins, je ne peux pas ne pas dire que l'erreur première du respecté professeur a été la cause indirecte des catastrophes bien connues. En se basant sur des signes mimétiques extérieurs : durillons, vêtements, etc., le respecté professeur a pris par erreur le mammifère décongelé pour un « homo sapiens » appartenant à la classe la plus haute, la classe des ouvriers.

Je n'attribue pas mon succès à mon habitude des animaux ni au fait que je pénètre intimement leur psychologie. Seul le hasard m'a aidé. Un espoir obscur, inconscient, me disait sans cesse : « Ecris, passe une annonce. » Ce que j'ai fait :

« En me basant sur les principes du jardin zoologique, cherche corps vivant à des fins de morsures constantes pour satisfaire aux conditions d'existence normales et habituelles d'un insecte récemment acquis. »

UNE VOIX DANS LA FOULE

Ah! quelle horreur...

LE DIRECTEUR

Je sais bien que c'est horrible, mon absurdité m'étonnait moi-même et tout à coup... ÇA arrive... Un aspect extérieur presque humain, fait comme nous tous, quoi...

LE PRÉSIDENT DU SOVIET

Camarade directeur, je vous rappelle à l'ordre!

(*Il agite sa sonnette.*)

LE DIRECTEUR

Je m'excuse, je m'excuse. J'ai pu me convaincre aussitôt à l'aide d'un interrogatoire et des principes de la brutologie comparée que nous avions affaire à un effroyable simulateur anthropomorphe et roi des parasites. Je ne vais pas entrer dans les détails d'autant plus que vous allez pouvoir observer l'animal dans cette cage.

Ils y sont deux — différents par la taille mais semblables quant à la nature : il s'agit de la célèbre « punaesia normalia » et du non moins célèbre « consommatorius vulgaris ». Tous les deux hantent les matelas moisis du temps.

La « punaesia normalia », engraissée et gorgée du sang d'un homme isolé, tombe sous le lit.

Le « consommatorius vulgaris », engraissé et gonflé du sang de l'humanité tout entière, tombe sur le lit. C'est la seule différence.

Quand l'humanité travailleuse de la révolution secouait ses puces et se démenait en grattant la crasse qui la recouvrait, c'est dans cette même crasse que ces parasites s'installaient des nids et des maisons, battaient leurs femmes, invoquaient Bebel et se reposaient vautrés dans leur béatitude et leur confort. Mais le « consommatorius vulgaris » est plus effroyable encore. A l'aide de son monstrueux mimétisme, il attire ses victimes en prenant l'apparence d'une cigale qui poétise ou d'un oiseau qui sopranise. Leurs vêtements mêmes étaient mimétiques au cours de cette période — des vêtements d'oiseau — un gilet pointu et une queue de pie avec un poitrail amidonné, tout blanc... Ces oiseaux-là faisaient leur nid dans les loges des théâtres, envahissaient les Opéras, se grattaient un pied contre l'autre au son de l'*Internationale*, fabriquaient du Tolstoï revu et corrigé par Marx, poussaient des clameurs innombrables et frénétiques, et — passez-moi l'expression, justifiée par le caractère scientifique de ce rapport — produisaient une quantité de fiente trop importante pour être jugée négligeable.

Camarades. Mais... vous allez vous convaincre par vous-même.

(Il fait signe, les employés découvrent la cage : on voit sur un piédestal le coffret de la punaise. Prissipkine est sur le lit avec une guitare. Au-dessus de la cage, un abat-jour jaune. Au-dessus de la tête de Prissipkine, un éventail de cartes postales. Des bouteilles traînent partout. La cage est entourée de crachoirs. Accrochés aux barreaux de la cage, des

cartons portant des inscriptions, des filtres et des appareils à renouveler l'air. Les inscriptions disent : 1° « Soyez prudent, ça crache. » 2° « N'entrez pas sans motif de service. » 3° « Protégez vos oreilles. C'est grossier. » L'orchestre joue une marche; feux de Bengale. La foule qui avait reculé se rapproche, muette d'admiration.)

PRISSIPKINE

Pourquoi donc chercher ailleurs
Je sais bien que le bonheur
Il est là
Rue Lounotcharskaïa...

LE DIRECTEUR

Camarades, approchez-vous, n'ayez pas peur, il n'est pas méchant. Approchez-vous, approchez-vous. Ne craignez rien, quatre filtres latéraux arrêtent les gros mots à l'intérieur de la cage, seuls des mots, étranges, mais tout à fait décents, peuvent parvenir jusqu'à l'extérieur. Les filtres sont nettoyés tous les jours par des employés spéciaux équipés de masques à gaz. Regardez bien, maintenant il va « fumer » comme on disait.

UNE VOIX DANS LA FOULE

Ah! Quelle horreur!

LE DIRECTEUR

Ne craignez rien, maintenant il va « chercher son inspiration » comme on disait. Skripkine, jetez-vous-en une!

(*Prissipkine tend la main vers une bouteille de vodka.*)

UNE VOIX DANS LA FOULE

Arrêtez, arrêtez, ne torturez plus ce pauvre animal!

LE DIRECTEUR

Allons, camarades, il ne faut pas avoir peur, il est apprivoisé. Regardez bien, je vais l'amener sur la tribune. (*Il va vers la cage en mettant des gants et en vérifiant ses pistolets. Il ouvre la porte, fait sortir Prissipkine, l'amène sur la tribune et le tourne face à la tribune des invités d'honneur.*) Maintenant dites quelque chose de bref, en imitant l'expression, la voix et le langage humain.

SKRIPKINE

(*prend docilement la pose, toussote, lève sa guitare et se retourne tout à coup en jetant un coup d'œil sur la salle. Le visage de Skripkine change, il reflète l'enthousiasme. Skripkine repousse le directeur, jette sa guitare et hurle dans la salle*)

Citoyens! Allons, les copains, c'est vous! Mes potes! D'où sortez-vous ? Combien êtes-vous ? Depuis quand vous êtes tous décongelés ? Pourquoi je suis tout seul dans ma cage ? Allez, les potes, venez par ici. Pourquoi que j'souffre, moi ? citoyens...

LES VOIX DES INVITÉS

— Les enfants, emmenez les enfants!
— Une muselière... mettez-lui une muselière!...
— Ah! quelle horreur!
— Professeur, arrêtez...
— Ne tirez pas!...

(*Le directeur, un ventilateur à la main, accompagné de deux employés, arrive en cou-*

rant sur l'estrade. Les employés entraînent Skripkine. Le directeur aère l'estrade. La musique joue une marche. Les employés voilent la cage.)

LE DIRECTEUR

Je m'excuse, camarades... Je m'excuse... La bête est fatiguée. Le bruit et l'éclairage ont provoqué un état d'hallucination. Calmez-vous. Il n'y a rien eu de grave. Demain il sera très doux... Du calme, citoyens, vous pouvez revenir demain. Allons, musique, musique!

LE MISTÈRE-BOUFFE

(en six actes)

Deuxième variante (1920-1921)

Le Mistère-Bouffe *est une route. La route de la révolution. Personne ne saurait dire avec précision quelles montagnes nous aurons à faire sauter encore en la suivant. On nous rebat aujourd'hui les oreilles avec le mot « Lloyd George », demain les Anglais eux-mêmes l'auront oublié. Des millions de volontés appellent la commune aujourd'hui, mais d'ici cinquante ans, peut-être, les cuirassés aériens de la commune partiront à l'assaut des planètes lointaines.*

J'ai donc gardé la route (la forme) et modifié de nouveau les composantes du paysage (le contenu).

Plus tard, vous tous qui allez jouer, mettre en scène, lire, imprimer Le Mistère-Bouffe, *changez le contenu, faites-le contemporain, actuel, présent.*

PERSONNAGES

1. *Sept couples de purs* : 1) Le Négus d'Abyssinie, 2) un radjah indien, 3) un pacha turc, 4) un trafiquant russe, 5) un Chinois, 6) un Persan dodu, 7) Clemenceau, 8) un Allemand, 9) un pope, 10) un Australien, 11) la femme de l'Australien, 12) Lloyd George, 13) un Américain et 14) un diplomate.
2. *Sept couples d'impurs* : 1) Un soldat de l'armée rouge, 2) un allumeur de réverbères, 3) un chauffeur, 4) un mineur, 5) un menuisier, 6) un journalier, 7) un domestique, 8) un forgeron, 9) un boulanger, 10) une blanchisseuse, 11) une couturière, 12) un mécanicien, 13) un Esquimau-pêcheur et 14) un Esquimau-chasseur.
3. Le conciliateur.
4. L'intellectuel.
5. La dame-portant-des-cartons-a-chapeau.
6. *Les diables* : 1) Belzébuth, 2) le diable-adjudant, 3) le diable-planton, 4) le deuxième diable-planton, 5) le diable de garde, 6) vingt purs portant queue et cornes.
7. *Les saints* : 1) Mathusalem, 2) Jean-Jacques Rousseau, 3) Léon Tolstoï, 4) Gabriel, 5) un

ANGE, 6) UN DEUXIÈME ANGE et 7) DES ANGES EN TROUPE.

8. SABAOTH.

9. *Personnages de la terre promise* : 1) LE MARTEAU, 2) LA FAUCILLE, 3) LES MACHINES, 4) LES TRAINS, 5) LES AUTOS, 6) LE RABOT, 7) LES TENAILLES, 8) L'AIGUILLE, 9) LA SCIE, 10) LE PAIN, 11) LE SEL, 12) LE SUCRE, 13) LE TISSU, 14) LA BOTTE, 15) LE TABLEAU DE COMMANDE.

10. L'HOMME DU FUTUR.

L'action se déroule dans

1. L'univers; 2. L'arche; 3. L'enfer; 4. Le paradis; 5. Le pays aux débris; 6. La terre promise.

PROLOGUE

UN IMPUR

Dans une minute
Vous allez voir jouer
Le *Mistère-Bouffe*...
Deux mots
avant de commencer.
Vous allez voir là du nouveau :
Pour sauter plus haut que sa tête
Il faut quelqu'un pour vous donner la main.
Ce spectacle inconnu,
Jamais vu ni entendu,
A besoin d'un prologue.
Primo :
Toute la salle est chambardée.
On n'a jamais vu ça!
Tous les bien-pensants
Vont sortir indignés.
En allant au théâtre,
Qu'y venez-vous chercher ?
Une pinte de bon sang,
Pas vrai ?
Ailleurs, on vous paye du délayé :
C'est petit
une scène,

Ça ne prend que le tiers
de la place.
Donc, si le spectacle est bon
Et si la scène éclate
Dans tout le théâtre,
Le plaisir sera triplé.
Mais
si le spectacle est toquard
Tiers ou quart —
Vaut mieux s'en aller.
Ailleurs, mise en scène
en salle
ou autrement —
Ce n'est pas important.
Collé à une serrure
Le spectateur
sans piper mot
Lorgne de face ou de travers
La vie du populo.
Voir bavarder sur un sofa
Oncle Vania
Tante Sonia —
tonton et tontaine —
Ça nous laisse froids
Voyez chez vous
Ces clients-là!
Nous aussi
nous allons vous montrer la vie vraie
Par le prisme du théâtre
transfigurée
transmutée
transformée.
Au premier acte
La terre fond

Et déferle en fusion.
Des pas pressés en rupture de terre
Fuient le déluge révolutionnaire :
Sept couples d'impurs —
Quatorze gueux — quatorze prolétaires
Sept couples de purs —
Quatorze seigneurs — quatorze milliardaires.
Au milieu :
Un conciliateur en pleurs —
Le social-démocrate
                de droite.
Le pôle est submergé.
Le déluge recouvre le dernier refuge.
On assiste à la construction
                d'une arche
D'une arche archissime.
Acte deux.
La galère s'en va voguant,
Emportant purs et impurs
En monarchie autocratique,
En république démocratique
Et enfin,
Au son des clameurs menchéviques,
On envoie les purs et durs —
Va-t'en voir si j'y suis —
Avec armes et bagages
Par-dessus le bastingage
Chez les dieux de l'océan.
L'acte trois doit prouver :
Rien ne doit effrayer
                l'ouvrier.
Pas même le bal infernal
Que Satan fait tourner.
Acte quatre

Dilatez vos rates.
Le paradis et ses mystères
Sont dévoilés aux prolétaires.
Acte cinq.
La ruine rage
Rouille, ronge, ruine et ravage.
Dents de faim
Dents de misère
Ouvre sa gueule de vipère
Fait claquer ses dents sans fin.
Ventre vide
Tripes en colère
Nous avons travaillé
travaillé
travaillé,
Famine et misère
Avons étranglé.
Ruine et misère
Ont touché terre.
Acte six.
La commune vit.
Vive la commune!
Voilà la vraie vie.
Le rideau tombé
C'est à vous de l'ouvrir
à vous de chanter.
Tout est prêt ?
L'enfer ?
Le paradis ?

(*Voix venant de derrière le rideau.*)

P-a-r-é!

L'IMPUR

Envoyez!

PREMIER ACTE

La scène représente le globe terrestre à la lumière d'une aurore boréale. La glace du plancher est traversée par le pôle au centre d'une toile d'araignée formée par les câbles des latitudes et des longitudes. Le monde s'appuie sur deux morses placés côté cour et côté jardin. Au milieu, un Esquimau-chasseur, un doigt enfoncé dans la terre, appelle l'autre Esquimau, étalé près de lui à côté du feu.

LE CHASSEUR

Ohé!
Ohé!

LE PÊCHEUR

La ferme!
Planter son doigt en terre!
T'as rien trouvé de mieux ?

LE CHASSEUR

Il y a un trou!

LE PÊCHEUR

Où ça un trou ?

LE CHASSEUR

Ça fuit!

LE PÊCHEUR

Qu'est-ce qui fuit ?

LE CHASSEUR

La terre!

LE PÊCHEUR

(sautant sur ses pieds et allant voir ce qui se passe sous le doigt du chasseur)

O-o-oh!
Ce n'est pas catholique.
Diable!
Je vais aller prévenir le cercle polaire.

(Il s'en va en courant et heurte l'Allemand qui arrive en tordant ses manches et l'attrape par la fourrure de sa veste uprès avoir vainement cherché un bouton.)

L'ALLEMAND

Herr Eskimo!
Herr Eskimo!
Un petit moment!
C'est urgent!...

LE PÊCHEUR

Alors ?

L'ALLEMAND

Alors voilà —
J'attaquais mon repas
Sur la Friedrichstrasse.
Un soleil en strass
Clignait de l'œil par la fenêtre.
La journée était radieuse
Comme un bourgeois
avant la révolution.

Le public agitait
d'opportunes réformes.
Mon potage avalé,
Contemplant tendrement les rangées de flacons,
Je cherchais,
d'avance rassasié,
à quelle sauce commander mon poulet.
Tout à coup
renversé,
je regarde
le souffle coupé :
L'Allée des Victoires
divaguait.
Les Hohenzollern de granit
basculaient
oh! haine scolaire —
parmi les marguerites,
Roulant dans le gravier.
Le tumulte montait.
Je montai l'escalier
quatre à quatre
Une marée sans eau
Embrassait le bistro.
Un grondement partait de la houle invisible
Engloutissant quartier après quartier
Et Berlin n'était plus que délire
D'une mer en furie.
Mais on voyait
devant
dessus
dessous
derrière
Une escadre de maisons
dans le tangage et le roulis.

Avant d'avoir pu décider
Si le coup venait de Foch
ou des...

LE PÊCHEUR

T'as fini?

L'ALLEMAND

Je n'avais plus un poil de sec!
Autour de moi
tout était sec
et tout coulait
cascadait
ruisselait.
Tout à coup
Je vis Berlin pompéiser
plus fort que Pompéi
et disparaître dans le brasier
de l'univers embrasé
jusqu'à son souvenir.
Et puis
sans coup férir,
Emporté par un raz de marée de villages ravagés,
je danse
à son sommet.
Ma compétence nautique
et mon expérience du yachting
m'ont sauvé.
Je suis le reste ultime
Regardez —
mon cher —
Que l'Europe a laissé.

LE PÊCHEUR

Ouais...
C'est pas lourd.

L'ALLEMAND

Ça va se calmer...
Encore deux jours...

LE PÊCHEUR

Ne tourne pas autour du pot!
Qu'est-ce qu'il te faut ?
Taris tes cris.

L'ALLEMAND

Puis-je m'installer auprès de vos
très honorables otaries ?

(*Le pêcheur lui indique le feu d'un geste agacé, se dirige vers le cercle polaire et tombe en arrêt devant les Australiens dégoulinants d'eau qui arrivent de l'autre côté.*)

LE PÊCHEUR

En voilà des sagouins!

L'AUSTRALIEN ET SA FEMME (*ensemble*)

Nous sommes australiens.

L'AUSTRALIEN

Je suis
australien.
Dans notre pays épique
Nous avions tout;
palmiers
ornithorynques
porcs-épics
et cactus —
tout est perdu
Nous sommes ruinés...

LE PÊCHEUR
(*montrant l'Allemand qui s'est installé*)

Allez donc le trouver.
Il s'ennuie tout seul.

(*L'Esquimau va pour sortir mais entend des voix qui montent des deux côtés du globe terrestre.*)

PREMIÈRE VOIX

Adieu, mon haut-de-forme!

DEUXIÈME VOIX

Fichu, mon huit-reflets!

PREMIÈRE VOIX

Ça souffle dur!
Accrochez-vous au Capricorne!

LA DEUXIÈME

Ça fraîchit!
Tenez bon le Cancer!

(*L'Anglais et le Français dévalent le globe terrestre en s'agrippant aux longitudes et aux latitudes. Ils plantent tous les deux leur drapeau national.*)

L'ANGLAIS

Mon drapeau est planté!
Me voici maître sans partage
Des glaces
des neiges
et des nuages.

LE FRANÇAIS

Excusez!
J'ai un drapeau tout neuf!
Cette colonie est à moi
de plein droit.

L'ANGLAIS (*en déballant de la pacotille*)

Non, à moi!
Mon comptoir est ouvert!

LE FRANÇAIS (*qui commence à se fâcher*)

Je te dis —
elle est à moi, cette colonie,
Va te faire cuire un œuf!

L'ANGLAIS (*pris de rage*)

C'est trop fort!
Je vais t'abîmer le portrait!

LE FRANÇAIS (*pris de rage*)

Ah! c'est comme ça!
Tu vas voir ta binette!

L'ANGLAIS
(*marche sur le Français en serrant ses poings*)

« Hurrah for England! »

LE FRANÇAIS
(*marche sur l'Anglais en serrant ses poings*)

Vive la France!

L'AUSTRALIEN (*se met entre les deux*)

Ma parole! ils ont trop bu!
Quelle tribu!
Il n'y a plus d'empires,

Plus de Napoléons,
Et ils se mettent toujours sur la gueule.

LE PÊCHEUR

Allez donc, impérialistes!

L'ALLEMAND

Voyons, voyons, faites-vous une raison!

LE PÊCHEUR

Bande de répugnants!
(*Un spéculateur ventru et russe tombe brutalement projeté sur la tête de l'Esquimau qui allait sortir.*)

LE SPÉCULATEUR

Salut, la compagnie
Je vous dis —
c'est un scandale!
Le ciel des Rouges a décidé :
« Anéantir l'Asie. »
Jamais été asiate pour un rond, moi!
Hier à Toula
Tranquillement installé
Je goûtais le repos
devant un bon repas
Quand
tout à coup
la porte est arrachée de ses gonds.
Ça y est
je me dis :
La Tchéka!
Vous voyez ce que c'est —
J'ai un peu eu les jetons!

Dieu soit loué!
Ce n'était pas la Tchéka mais
simplement
le vent.

Quelques gouttes d'abord
Et puis c'est parti...
Plus y en a, plus ça va,
Plus ça va, plus ça monte!
Les rues sont emportées
Les toits arrachés...

TOUT LE MONDE

Chut!
Chut!

LE FRANÇAIS

Vous entendez ?
Vous entendez ce raffut ?

(*On entend des voix.*)

... luge! Déluge! Un déluge! Le déluge! Ce déluge!

L'ANGLAIS (*horrifié*)

Seigneur!
Ça va de mal en pis
de Charybde en Scylla
de déluge en détroits!

(*Entre le Négus, suivi par le Chinois, le Persan, le Radjah, le Pope, le Conciliateur. Les sept couples d'impurs arrivent en queue de la procession.*)

LE NÉGUS

Bien que ma peau soit sombre
Un peu plus que la neige
Pourtant je suis
Négus d'Abyssinie.

Mes hommages.
Je viens de quitter mon Afrique
Où serpentait le Nil, tel un serpent-boa.
La fureur de ses eaux mages a annihilé
mon royaume!
Et mon Afrique bien-aimée
y a sombré!
Veuillez agréer
mes...

LE PÊCHEUR (*impatienté*)

... Ça va!
Ça va!
On les connaît, tes fromages!

LE NÉGUS

Ne vous oubliez pas,
Vous parlez au Négus
Et le Négus a faim!
Tiens!
Ça doit être bon,
ce chien de table!

LE PÊCHEUR

Je vais t'en faire voir
des chiens
moi!
Ce n'est pas un chien, c'est un morse.

(*Le Négus se trompe et essaye de s'asseoir sur Lloyd George qui ressemble au morse comme deux gouttes d'eau.*)

LE PÊCHEUR

Allez,
va t'asseoir et ne salis personne,

L'ANGLAIS

Je ne veux pas qu'on m'égorge!
Le morse, ce n'est pas moi!
C'est lui, le morse!
Ne me morsifiez pas!
Moi, je suis Lloyd George!

LE PÊCHEUR (*en s'adressant aux autres*)

Et vous
qu'est-ce qu'il vous faut ?

LE CHINOIS

Rien!
Rien du tout!
Ma Chine est par le fond!

LE PERSAN

Ma Perse
est au fond des eaux!

LE RADJAH

Même l'Inde
l'Inde éternelle
même elle!

LE PACHA

Et ma Turquie
est engloutie!

(*Une dame portant d'innombrables cartons à chapeaux se dégage en jouant des coudes du premier rang des purs.*)

LA DAME

Attention!
Ne tirez pas!
C'est de la soie!

(*Au pêcheur :*)

Vous
le moujik
venez m'aider!

UNE VOIX (*parmi les purs*)

Quel charme!
Quel chien!

LE PÊCHEUR

Les côtes en long
Et un poil dans la main!

LE FRANÇAIS

Quelle est votre nationalité ?

LA DAME

Ma nationalité ?
Polyvalente et variée
Diverse et papillonnante.
Citoyenne de l'onzième heure,
J'étais russe pour commencer;
Je m'y suis sentie à l'étroit —
Ces bolcheviks — quelle horreur!
Femme délicate,
Ame raffinée —
Je me suis fait poloniser.
Les bolcheviks me serrant de près
Je me suis fait citoyenne
en deçà
de l'Ukraine.
Kharkov a changé de mains
Dix fois au moins
Moi, j'étais déjà républicaine
à Odessa.

Wrangel recule jusqu'en Crimée
Me voilà naturalisée
wrangélienne.
Les blancs défaits,
Je me fais
bayadère par firman ottoman.
La marée rouge l'emporte.
Claquant la Porte
Je me fais nationaliser
parisienne
aux Champs-Elysées.
J'ai changé de patrie
Au moins quarante fois.
Me voici à présent
Citoyenne du Kamtchatka.
Quel temps infect il fait au pôle!
Impossible de mettre une robe correcte.
C'est pas drôle!

LE PÊCHEUR (*impose silence aux impurs*)

Silence!
Silence!
Vous entendez ce tapage ?

LE CONCILIATEUR
(*se sépare de la foule, pris d'une crise de nerfs*)

Ecoutez-moi!
Je ne peux pas
supporter ça!
Je ne peux pas!
L'univers est trempé
Jusqu'aux os!
Laissez-moi en paix!
Laissez-moi rentrer

Dans mon cabinet!
Ecoutez-moi!
Je ne peux pas
Supporter ça!
J'attendais un déluge
Breveté Kautski (1) :
Avec des chèvres grasses
ménageant
des choux bien portants.
Et maintenant
Tous les hommes sont en guerre
Et s'entre-tuent entre frères.
O Rouges, je vous aime,
Et je vous aime, ô Blancs!
Ecoutez-moi!
Je ne peux pas
Supporter ça!

LE FRANÇAIS

Arrêtez de vous trémousser...
Cessez de pleurnicher...

(Il interpelle sur un ton de défi les impurs qui se rapprochent du feu.)

Hep, vous autres
de quelle nation êtes-vous ?

LES IMPURS (*en chœur*)

Traîne-misère
Peine sans terre
Traîne de tout temps
Traîne prolétaire

(1) Dirigeant social-démocrate réformiste allemand (1854 1938). Maître à penser de la IIe Internationale.

Peine sur la terre
Traîne et travaille
Peine toute ta vie
Ta seule patrie
C'est le travail.

LE FRANÇAIS

C'est un air connu!

VOIX EFFRAYÉES DES PURS

Ce sont des prolétaires!
... des prolétaires...
... prolétaires...

LE FORGERON

(*en tapant sur le ventre rebondi du Français*)

Alors, on a encore les oreilles qui sifflent,
Après ce déluge ?

LA BLANCHISSEUSE

(*d'une voix ironique et grinçante*)

Dis voir
mon bonhomme,
on ferait bien
Un bon petit somme ?
Si on te collait dans les tranchées
ou dans une mine
Ça te plairait ?

LE SOLDAT DE L'ARMÉE ROUGE

Je voudrais bien t'y voir —
Dans la gadoue des tranchées
Dans la merde jusqu'au cou.

(*Le conciliateur se jette entre les purs et les impurs pour résoudre le « conflit » qui point à l'horizon.*)

LE CONCILIATEUR

Mes amis!
Je vous en prie!
C'est fini!
Ne vous regardez pas ainsi
En chiens de faïence!
Faites la paix!
Donnez-vous la main!
Messieurs, camarades,
Soyez réconciliés!

LE FRANÇAIS (*avec rage*)

Me réconcilier ?
C'est trop fort!

LE PÊCHEUR
(*avec rage tout en rossant le conciliateur avec l'aide du Français*)

Va donc, conciliateur!
Conciliateur de mes fesses, oui!

LE CONCILIATEUR
(*battu et pas content, va pleurnicher dans un coin*)

Et voilà,
encore...
Je lui dis ça gentiment
Et lui...
C'est toujours pareil :
On veut les réconcilier
Et on se fait battre comme plâtre.

(*Avec un air dégoûté, les purs laissent passer les impurs qui vont s'installer autour du feu.*)

LE PACHA

O! Enfants d'Allah!
Il nous sied de chercher l'entendement
de cet événement.
Allons aux sources.

LE SPÉCULATEUR

Pas compliqué —
C'est l'avènement de la fin du monde.

LE POPE

Pour moi — c'est le déluge.

LE FRANÇAIS

Ridicule,
Quand il y a un déluge
Il tombe de l'eau.

LE RADJAH

C'est juste,
Il n'a pas plu.

LE DIPLOMATE

Donc cette idée ne tient pas!

LE PACHA

Mais enfin
Enfants d'Allah!
Que s'est-il passé ?
Allons aux sources.

LE SPÉCULATEUR

A mon avis
Le peuple, insoumis,
est cause de...

L'ALLEMAND

Mais non
C'est la guerre.

L'INTELLECTUEL

Non
Il n'y a guère que la métaphysique, qui...

LE SPÉCULATEUR (*mécontent*)

Guerre — métaphysique!
Pourquoi pas préhistorique!

DES VOIX

Pas tous à la fois!
Pas tous à la fois!
Ne toussez pas!
On n'est pas à la foire!

LE PACHA

Chut!
On va parler à tour de rôle.
Allez, l'étudiant
vous avez la parole.

(*Il ajoute, pour se justifier aux yeux de la foule :*)

Impossible de faire autrement :
Il en a l'écume à la bouche.

L'INTELLECTUEL

Au commencement
Etait la simplicité :
La nuit suivit le jour,
Seul le ciel du couchant
Avait mis trop de rouge.

Ensuite —
Lois
Foi
Idées
Capitales de granit
Poils de carotte
du soleil écarlate
Tout sembla fondre légèrement,
Se lubrifier un tantinet,
Légèrement se liquéfier,
Comme un bonbon acidulé,
Et tout dégoulina :
Les rues partaient à la dérive,
Les masses des maisons fondantes
Se heurtaient.
Vision dantesque!
Le monde entier,
Enfourné dans les hauts fourneaux des révolutions,
Jaillit dans l'espace
Comme un jet de métal en fusion.

VOIX DU CHINOIS

Messieurs! Attention!
Il y a du crachin.

LA FEMME DE L'AUSTRALIEN

Du crachin ?
On est trempés comme des cochons!

LE PERSAN

Peut-être
La fin du monde vient
Et nous en approchons
En ergotant, en palabrant,
En jouant au forum ?...

LE DIPLOMATE (*en se poussant vers le pôle*)

Par ici!
Mettez-vous à l'abri!

LE MARCHAND

(*en poussant du genou l'Esquimau qui bouche le trou avec la patience inhérente à ce peuple*)

Fous le camp!
Entre le morse et l'écorce...

(*L'Esquimau-chasseur tombe et le jet d'eau jaillissant du trou vient doucher l'assistance. Dispersés, les purs s'enfuient en poussant des hurlements puis reviennent boucher la fuite.*)

Obstruez!
Obturez!
Colmatez!

(*Ils reculent à nouveau en laissant l'Australien tout seul avec un doigt dans le trou. Le pope profite du tumulte général pour s'installer sur quelques bûches.*)

LE POPE

Oh! Mes frères,
Nous perdons le dernier pied de terre,
Le dernier pouce de terrain!

LES IMPURS (*à voix basse*)

Qui est-ce ?
D'où sort cette armoire à barbe ?

LE POPE

... Et la pluie tomba
Pendant quarante jours et quarante nuits
Sans discontinuer.

LE SPÉCULATEUR

C'est bien vrai!
Le Saint-Esprit
L'a saintement inspiré!

L'INTELLECTUEL

L'histoire nous signale un précédent semblable –
A savoir la célèbre aventure du patriarche Noé.

LE SPÉCULATEUR
(*se hissant à la place du pope*)

Tout ça, c'est pas sérieux,
L'histoire, le précédent, le suivant...

DES VOIX

Au fait!
Au fait!

LE SPÉCULATEUR

On va pas se noyer comme ça,
Les gars, faut construire une arche.

LA FEMME DE L'AUSTRALIEN

C'est ça! une arche! Formidable!

L'INTELLECTUEL

En voilà une idée!
C'est fort minable, oui!
Pourquoi pas un baquet ou un sabot!
Faisons un paquebot!

LE RADJAH

Deux paquebots!

LE SPÉCULATEUR

Bravo!
J'investirai mes capitaux!

Les précédents se sont bien tiré les pieds,
Alors on peut bien se sortir du pétrin.
On est quand même plus malins,
Pas vrai ?

TOUS

Vive la technique!
Vive la technique!

LE SPÉCULATEUR

Ceux qui sont pour —
Levez la main!

TOUS

Pas besoin
C'est tout vu!

(Les purs et les impurs lèvent ensemble la main.)

LE FRANÇAIS

(prenant la place du spéculateur, regarde avec haine le forgeron qui a levé sa main)

Bas les pattes!
Te fatigue pas!
Messieurs!
Il faut laisser les impurs,
Ça leur apprendra
A nous injurier!

VOIX DU CHARPENTIER

Et toi, —
Tu sais raboter et scier ?

LE FRANÇAIS (*décontenancé*)

J'ai changé d'idée.
Prenons les impurs.

LE SPÉCULATEUR

On les prendra sobres et costauds!

L'ALLEMAND

Messieurs!
De grâce!
Céder aux impurs —
Amère pilule —
N'est pas fatal.
Vos cris incontinents
Vous font perdre de vue
Cette inconnue :
Le sort du cinquième continent.
L'Américain au Pôle
Est-il présent ?

LE SPÉCULATEUR (*réjoui*)

Quel flair!
C'est pas un homme,
C'est un chancelier de fer!

(*Un hurlement de l'Australienne interrompt la liesse générale.*)

Que vois-je ?

L'AMÉRICAIN

Honorables gentlemen,
Je viens pour l'arche.

(*Il tend un papier.*)

Voilà
Deux cents milliards
Chèque payé par l'Amérique
Au fond des flots.

(*Consternation générale. Cri de l'Australien qui bouche toujours le trou.*)

L'AUSTRALIEN

Alors! Secouez-vous!
Je m'engourdis!
Je lâche tout!

(*Les purs viennent passer la main dans le dos aux impurs.*)

LE FRANÇAIS (*au forgeron*)

Alors, camarade,
On la fait cette arche ?
Ensemble, hein ?

LE FORGERON (*conciliant*)

Oh! Moi, ça ne me dérange pas,
Moi.
Moi, je veux bien...

(*Aux impurs :*)

Allez, les copains,
Si on part, on s'en va.

LE CONCILIATEUR

Hâtez-vous, camarades!
Camarades, hâtez-vous!
Pressez-vous à l'appel du travail!
Haut les cœurs!
Haut les pelles!

L'INTELLECTUEL
(*qui va s'installer dans un coin*)

Travailler ? Moi ?
Jamais, plutôt mourir!
Je vais m'installer sur le sable

Et me livrer au sabotage
A loisir.

(*Il crie, pour stimuler ceux qui travaillent.*)

Allez! Du nerf! du cran!
De l'huile de bras!
Coupez juste! sciez droit!
Tapez plus! Mollissez pas!

LE CHARPENTIER

Alors ?
Qu'est-ce que tu fais,
Les bras croisés ?

L'INTELLECTUEL

Moi ? Je suis un spécialiste,
Un irremplaçable...

(*Rideau.*)

DEUXIÈME ACTE

La scène représente le pont de l'arche. Tout autour s'écroulent des continents. Un mât garni d'échelons et de cordages disparaît dans les nuages étouffants. Le rouf et l'entrée de la cale se trouvent à chaque extrémité. Les purs et les impurs sont alignés tout au long du bastingage.

LE JOURNALIER

Ouais!
On est mieux là que de l'autre côté.

LA COUTURIÈRE

Tu as vu cette vague ?
Un vrai mur de prison!

LE SPÉCULATEUR

Une foutue idée que j'ai eue,
De vous accompagner.
On ne sort pas de la pagaille.
Allez donc! Eh!
Conquérants des océans!
Loups de mer!

L'ALLUMEUR DE RÉVERBÈRES

Dis donc!
Ça y va!
Comme un mur ?
Plutôt comme une maison!

LE FRANÇAIS

Mais oui.
C'est vraiment une stupidité.
Je vous le dis avec douleur et consternation.
On aurait pu rester.
Mieux vaut tenir un pôle que courir.

LE JOURNALIER

T'entends ce bruit ?
Le vent claque les vagues
Comme les loups leurs dents.

LES DEUX AUSTRALIENS, LES DEUX ESQUIMAUX ET LE CHAUFFEUR (*ensemble*)

Regardez!
Regardez l'Alaska!

LE NÉGUS

Il est parti en trombe
Comme une balle de fronde!

L'ALLEMAND

Oui, il a largué les amarres.

L'ESQUIMAU

Plus d'Alaska!

LE PÊCHEUR

C'est fini!

TOUS

Adieu! Adieu! Adieu!

LE FRANÇAIS (*il sanglote*)

Mon Dieu!
Mon Dieu!

Où est ce temps
Où nous prenions notre petit goûter familial
Autour d'une table à thé...
Caviar,
Canapés...

LE BOULANGER

C'est drôle. Moi
Ça ne me fait rien.

LE CORDONNIER

Moi, j'ai de quoi boire.
Il faut des récipients.

LE DOMESTIQUE

Ça se trouvera.

LE MINEUR

On sera mieux
Dans la cale.
Descendons!

L'ESQUIMAU-CHASSEUR

Alors, cette otarie, pas trop racornie ?

LE DOMESTIQUE

Racornie ? Penses-tu!
On l'a fait revenir avec du persil.

(*Les purs restent seuls. Les impurs descendent dans la cale en chantant.*)

Pourquoi craindre les déluges
Quand on part en croisière ?
Nous n'avons rien à perdre
Perdre ici, perdre ici, perdre ici,
Tsouin, tsouin.

Quand on est engourdi
On va se dégourdir.
Ah! Ce qu'on se repose ici
Pose ici, pose ici, pose ici,
Tsouin, tsouin!
Manger de l'otarie
Arrosée d'eau-de-vie
Est un plaisir divin
Zir divin, zir divin, zir divin,
Tsouin, tsouin.

(*Les purs font cercle autour du Français en larmes.*)

LE PERSAN

Allons! Finissez!
Un peu de dignité!

LE SPÉCULATEUR

On arrivera bien un jour
Au mont Ararat.

LE NÉGUS

Avant d'arriver à ce mont plein d'attraits
On passera cent fois
De vie à trépas.

L'AMÉRICAIN

Les dollars —
L'estomac n'en veut pas.
Des trillions de milliards ne font pas un repas.
J'irai jusqu'à donner
Un million de roubles-or
Un kilo de diamants et le Koh-i-Noor
Pour un bout de pain noir.

LE SPÉCULATEUR

Je m'adonnais au trafic,
A la spéculation.
J'ai connu la prison.
Et voilà que l'argent ne fait pas le bifteck.

LE CHINOIS

Mets ça dans ta poche
Avec ton mouchoir par-dessus.

LE PACHA

Parlons-en, des pierreries!
Aujourd'hui, on n'a plus foi dans l'avenir.
Avec des pierres dans le foie,
On a le ventre garni, au moins.

L'AUSTRALIEN

On peut toujours humer le pot —
Il est vide.

LE CONCILIATEUR

Et le marché noir est clos!

LE SPÉCULATEUR (*au pope*)

T'en fais pas, mon révérend,
Tous les marchés sont noirs à présent (1).

(1) *Dans le primitif, le* CONCILIATEUR *ajoutait :*
On dit ça...
Ça n'a de marché que le nom :
Tous les jours une perquisition.

En modifiant le texte Maïakovski faisait allusion aux débuts de la NEP (printemps 1921).

LA DAME

Beurre, œufs, fromages vous passent sous le nez!
Quel malheur, ces marchés!
Sans fric, on fait tin-tin!

LE SPÉCULATEUR

Pauvre cloche!
C'est toi qui tintes!
L'ouvrier touche des primes en nature.
Après, il fait du troc.

LA DAME

Moi, j'aimerais troquer mes chapeaux.
Contre des poulets...

L'INTELLECTUEL

Ton dernier bonnet envolé,
Tu feras ballon.

LE POPE (*tendant l'oreille vers la cale*)

Ecoutez-les!
Quel chahut!

L'INTELLECTUEL

Ils ne s'en font pas!
Tout à l'heure, ils calaient leurs filets,
Maintenant, ils se calent l'estomac.

LE POPE

Nous aussi, avec un filet ou un harpon,
Si on attrapait un espadon ?

L'ALLEMAND

Un harpon ?
Je ne sais pas seulement le prendre.
Ah! s'il fallait tailler, estoquer et pourfendre
L'espadon à la main!

LE SPÉCULATEUR

Je me suis crevé à lancer le filet.
Rien.
Pas la moindre sardine,
Seulement de l'herbe.

LE PACHA (*d'un ton affligé*)

Un mandataire honorable
Bouffe des algues marines...
Où on va ?...

LLOYD GEORGE (*s'adressant à Clemenceau*)

Eurêka!
Trêve de querelles intestines!
Cessons ces discordes entre Anglais et Français.
Ce qui compte :
Vous avez un ventre, moi, j'ai un ventre aussi.

LE CONCILIATEUR

Moi aussi... j'ai un ventre.

CLEMENCEAU

Comme c'est triste,
J'ai failli m'empoigner
Avec un homme de cœur!

LLOYD GEORGE

L'heure des poings serrés est révolue :
Un seul ennemi
Nous unit!
Nous devons nous entretenir...

(*Il s'éloigne bras dessus bras dessous avec Clemenceau. Ils reviennent tous les deux après un bref conciliabule.*)

CLEMENCEAU

Messieurs!
Nous sommes tous tellement purs!
Pouvons-nous nous tuer au labeur ?
Il faut faire suer les impurs!
Il faut les y obliger.

L'INTELLECTUEL

Ça barderait!
Regardez mes épaules en portemanteau!
Je ne peux pas me colleter avec ces débardeurs!
Ces armoires à glace!

LLOYD GEORGE

Surtout,
Pas de bagarre!
Pourquoi leur chercher noise?
Voilà :
Pendant qu'ils font foire et bombance,
Qu'ils boivent et qu'ils beuglent,
Pendant qu'ils festoient,
Glissons-leur plutôt une bombe...

CLEMENCEAU

... Elisons-leur un roi!

LE CONCILIATEUR

Un roi ?
J'aimerais mieux un bon flic!

CLEMENCEAU

Ce roi
Promulguera un manifeste :
« Tous les rôts, mets et plats
Doivent m'être offerts! »

Le roi mange.
Et nous, ses fidèles sujets, nous aussi,
Nous mangeons.

TOUS

Excellent!

LE PACHA

Subtil!

L'ALLEMAND (*radieux*)

Je l'avais dit :
Une vraie tête de chancelier!

LES AUSTRALIENS

Elisons-le vite!

PLUSIEURS VOIX

Mais qui ?
Qui donc ?

L'ANGLAIS ET LE FRANÇAIS

Le Négus.

LE POPE

C'est ça!
A lui les bretelles!

LE SPÉCULATEUR

Quelles bretelles ?

L'ALLEMAND

Oh!... Comment ça s'appelle ?...
Les rênes du pouvoir, quoi.
N'ergotez pas.
C'est le même sens.
(*Au Négus :*)

Passez, monsieur.

LA DAME

Messieurs!
Dites-moi!
C'est un vrai roi
Ou un pour rire ?

DES VOIX

Un vrai! Un vrai!

LA DAME

Oh!
Je paraîtrai à la cour!

LLOYD GEORGE

Vite, vite,
Fabriquez le manifeste :
Avec la grâce de Dieu et tout le reste...

LE PACHA ET L'AUSTRALIEN

Nous, on se met là,
Si jamais ils sortaient!...

(*Le pacha et les autres rédigent le manifeste. L'Allemand et le diplomate déroulent un câble devant la sortie de la cale. Les impurs sortent de la cale en titubant. Lorsque le dernier impur est sorti, l'Allemand et le diplomate ficellent tout le groupe.*)

L'ALLEMAND (*au cordonnier*)

Eh! là-bas!
Va prêter serment!

LE CORDONNIER
(*qui n'est plus à même d'analyser la situation*)

Et si je tressais des sarments ?

LE DIPLOMATE

Des sarments ?

Tu veux une couronne ?
Lieutenant, en joue!

LE FRANÇAIS

Ah! Ah!
On dessoûle!
Quel soulagement!
Je respire.

QUELQUES IMPURS (*tristement*)

On est bons comme la romaine!

L'AUSTRALIEN

Chapeau bas!
Enlevez vos plumeaux!

LE CHINOIS ET LE RADJAH
(*poussant en avant le pope*
jusqu'au pied du rouf où trône le Négus)

Lis donc,
Lis, tant qu'ils ne pipent mot!

LE POPE (*lisant son papier*)

Nous, Roi par la grâce de Dieu
De la volaille rôtie par les impurs
Et grand-duc des œufs pondus par icelle,
Sans nul vouloir saigner aux quatre veines
N'en saignons que trois, laissant la quatrième,
Mandons à nos fidèles sujets :
Amenez toute la boustifaille :
Poisson, biscuits, cochon et vermicelle,
Sucre candi *et tutti quanti*.
Le sénat gouvernemental
Ne tardera pas à tailler les parts
Et à partager.

LE SÉNAT IMPROVISÉ
EN LA PERSONNE DU PACHA ET DU RADJAH

Majesté — à vos ordres!

LE PACHA (*à l'Australien*)

Vous — dans les cabines!
(*A l'Australienne :*)

Vous — dans les soutes!
(*A la cantonade :*)

Rien à l'impur,
Pas une goutte!
(*Au spéculateur, lui confiant le boulanger.*)

Suivez-le dans la cale.
Je vais faire le pont avec le radjah.
La volaille plumée,
Plumez la gueusaille.
(*Murmure joyeux des purs.*)

La table croulera sous le poids des mangeailles!

LE POPE (*en se frottant les mains*)

Après, mes frères,
En bons chrétiens,
nous partagerons le butin.

LE SPÉCULATEUR (*radieux*)

On a tout retourné.
Plus rien.
Quelle belle camelote!
Qualité sans égale.
Un régal!
Allez, à la soupe.

L'AMÉRICAIN

Et les impurs ?

L'ALLEMAND

Enfermons-les dans la cale!

LE POPE

Attendez, Majesté,
Un instant.

(*Pendant que les purs mettent les impurs à l'ombre dans la cale, le Négus dévore toutes les provisions. Les purs reviennent.*)

CLEMENCEAU

Tu viens, Lloyd George ?

LLOYD GEORGE

Je viens, je viens!

LES PURS (*avec ardeur*)

Hâtez-vous! Hâtez-vous!
L'heure a sonné!

(*Ils arrivent jusqu'au Négus, installé devant un plat vide et poussent en chœur une clameur menaçante.*)

Qui a fait ça ?
Les pirates ?
Attila ?

LE POPE (*en transe*)

Il a bouffé tout ça
Tout seul!

LE PACHA

Fumier!
Encore un peu
Et je colle mon pied dans ce tas de suif!

LE NÉGUS

Silence!
Je suis l'oint du Seigneur!

L'ALLEMAND

L'oint!
L'oint!
Si tu devais, comme nous, dormir...

LE DIPLOMATE

Sans dîner!

LE POPE

Judas!

LE RADJAH

Merde!
Ça me défrise!

LE SPÉCULATEUR

On se couche ?
Qui dort dîne...

(Ils se couchent dans la nuit. La lune fait rapidement le tour de l'horizon. C'est l'aube. La silhouette du diplomate se soulève dans l'ombre bleue du matin. A l'autre bout la silhouette de l'Allemand apparaît également.)

LE DIPLOMATE

Vous ne dormez pas ?

L'ALLEMAND

Pensez-vous!
Mon estomac est bavard en diable!

LE CONCILIATEUR

Quel cauchemar!
Mes rêves sont pleins de biftecks!

LE POPE

C'est normal.
(*Au Négus :*)
Il suinte le saindoux! Quel lard!

L'AUSTRALIEN

Il fait froid.

L'INTELLECTUEL (*au Négus*)

Quel mépris profond pour les problèmes spirituels!
Il se bourre la panse
Sans penser à rien.

LE FRANÇAIS (*après une brève pause*)

Messieurs!...
Vous savez...
Je me sens déjà démocrate de cœur.

L'ALLEMAND

Belle nouvelle!
Je meurs de mon archi-amour
Pour les impurs.

LE PERSAN (*venimeux*)

Tiens, et qui a proposé de se jeter aux pieds
de la monarchie ?

LE DIPLOMATE

Laissez donc vos flèches du Parthe au carquois.
L'autocratie comme forme du pouvoir
A indiscutablement vieilli.

LE SPÉCULATEUR

Tu parles!
Avec l'estomac dans les talons!

L'ALLEMAND

C'est sérieux! Très sérieux!
Le coup d'Etat mûrit.
Plus de discordes!
Foin des querelles!

LE CONCILIATEUR

Vive
L'assemblée législative!

LES PURS

(*vont pour soulever le panneau de la cale*)
Bravo!
Hourra!

(*Entre eux.*)

Allez-y!
Mettez la gomme!

(*Réveillés en sursaut, les impurs sortent de la cale.*)

LE CORDONNIER

Ma parole!
Ils ont trop bu!

LE FORGERON

Un accident ? Une panne ?

LE SPÉCULATEUR

Citoyens, arrivez au meeting!

(*Au boulanger :*)

Citoyens, vous êtes pour la république ?

LES IMPURS (*en chœur*)

Meeting ?
République ?
De quoi s'agit-il?

LE FRANÇAIS

Bougez pas.
L'intellectuel va parler.

(*S'adressant à l'intellectuel :*)

Eh! l'intellectuel, vas-y!

(*L'intellectuel et le Français montent sur le rouf.*)

LE FRANÇAIS

Je déclare la réunion ouverte.

(*A l'intellectuel :*)

Vous avez la parole!

L'INTELLECTUEL

Citoyens!
Ce roi rapace au gosier abusif...

DES VOIX

C'est juste!
C'est juste, citoyen orateur!

L'INTELLECTUEL

... avalera tout sans laisser de traces!

UNE VOIX

C'est juste!

L'INTELLECTUEL

Comme ça
Personne jamais n'arrivera à l'Ararat!

DES VOIX

C'est juste!
C'est juste!

L'INTELLECTUEL

C'en est assez!
Brisez les fers rouillés de l'autocratie!

RUMEUR GÉNÉRALE

A bas la monarchie!...
A bas l'autocratie!...

LE CONCILIATEUR

Malheureux!
A quoi attentez-vous!
C'est le Monarque! l'Absolu!
Vous croupirez toute la vie dans les bagnes des colonies!
Le pouvoir vient de Dieu!
N'y touchez pas,
Messieurs!
On peut tout concilier!
Acceptez une monarchie constitutionnelle!
Le grand-duc Nicolas
Ou le grand-duc Michel!

LES PURS ET LES IMPURS (*ensemble*)

Concilier ? Accepter ?
Pour qu'il bouffe tout ?

L'ALLEMAND

Je vais te concilier, moi!

TOUS

On va te concilier, nous!

LE CONCILIATEUR (*larmoyant*)

Quelle danse!
On peut crever sans les réconcilier.

LE SPÉCULATEUR (*au Négus*)

Pieuvre, sangsue, vampire,
Vendu...

LE FRANÇAIS (*au Négus*)

Allez!
Allons enfants... à l'eau!

(*Ils réussissent à balancer le Négus par-dessus bord. Les purs prennent les impurs par le bras et vont roucouler à leur oreille.*)

LE DIPLOMATE (*au mineur*)

Camarade,
Croyez-m'en si vous voulez,
Je suis follement heureux :
Les barrières séculaires qui nous séparaient
Ont sombré.

LE FRANÇAIS (*au forgeron*)

Je vous congratule :
Les fondements séculaires sont par terre!

LE FORGERON (*sans enthousiasme*)

Ouais...

LE FRANÇAIS

Le reste s'arrangera.
Le reste n'est pas important.

LE POPE (*à la couturière*)

Soyons unis comme les doigts de la main!

LE SPÉCULATEUR (*satisfait*)

Quel baratin!
Ça y va!
Ça mord!

LA DAME

Ai-je jamais affiché une passion négussive ?
Ma passion la plus vive
C'est la Législative!
Tout pour le gouvernement provisoire!
J'irai enceinte, s'il le faut,
deux années consécutives!
Attendez un instant.
Je redescends
Vers mes merveilleux sujets-rois
Avec une écharpe rouge sang
Un ruban vermeil dans l'écheveau des cheveux,
Suggérant
Une ligne sans pareille,
Un style révolutionnaire!

(*Elle court vers ses cartons.*)

CLEMENCEAU (*sur le rouf*)

Assez, citoyens!
Les esprits sont lassés.
Les passions satisfaites.
Maintenant, au fait!
Construisons sans gémir un régime assis :
Une démocratie en marche!
Pour marcher droit,
Un seul moyen :
Les treize que voilà —

Dieu ait l'âme du Négus défunt —
Seront ministres et administrateurs,
Vous serez les citoyens repus
De la république démocratique.
A vous l'hameçon,
l'enclume
et le pétrin!
Objections?
Amendements?

LE JOURNALIER

Ça va!...
Tant que l'eau n'est pas loin...

EN CHŒUR

Vive la république démocratique!

LE FRANÇAIS

A présent

(*Aux impurs :*)

Je vous propose de travailler.

(*Aux purs :*)

Et vous — à vos plumes!
Travaillez,
Engrangez,
Tout sera partagé!
Le moindre fil sera rompu!

(*Les purs apportent une table et s'y installent avec des paperasses. Ils inscrivent sur la colonne des entrées les nourritures apportées par les impurs et les dévorent à belles dents quand ces derniers sont partis. Le boulanger, qui vient pour la deuxième fois, essaye de regarder sous les papiers.*)

LLOYD GEORGE

Alors, on regarde ?
Allez, circulez!
T'as pas l'instruction, la culture,
C'est pas tes oignons!

CLEMENCEAU

On ne conduit pas comme ça le char de l'Etat.
Il faut avoir la manière
Et l'art.
Toute assiette doit obligatoirement être numérotée
Aux entrées et sorties, aux pertes et profits.

LE FORGERON

Le temps de mettre votre numéro
L'impur peut y laisser les os.

LE BOULANGER

Où est le partage promis ?

LE POPE (*avec indignation*)

Oh! Mes frères!
L'heure des nourritures terrestres
N'a pas encore sonné.

LE RADJAH (*éloignant les impurs*)

On vient de prendre un requin volant,
Allez donc voir
S'il pond des œufs,
S'il donne du lait.

LE FORGERON

Eh! Tout pacha que tu es,
N'oublie pas le proverbe turc :
« Tout, tout, tout, mais pas... cha! »

LE FORGERON
(*revenant avec les autres impurs*)

Ils s'y connaissent!
Plus on trait le requin,
Moins il donne de lait.
A la soupe! Pliez vos papiers.

L'AMÉRICAIN

Regardez, comme c'est beau :
L'écume des vagues,
Un albatros.

LE JOURNALIER

Parlons plutôt d'écumer le pot-au-feu
et d'haricots.
Au fait!
Au fait!
Mettez-vous l'albatros là où je pense!

CLEMENCEAU

Regardez, regardez,
Une baleine!

LE SOLDAT DE L'ARMÉE ROUGE

Au diable la baleine!
Baleine toi-même!

(*Les impurs renversent la table en hurlant.*)

Pas de sans-gêne bureaucratique!

(*Les assiettes vides dégringolent sur le pont.*)

Le conseil de cabinet a tout mis à sec!

LE CHARPENTIER
(*bondissant sur la table renversée*)

Camarades!
C'est un coup de couteau dans le dos!

DES VOIX

Et de fourchette!

LE MINEUR

Avant
Une seule bouche se sucrait sur notre dos,
Maintenant, c'est une boucherie!
En fin de compte,
La république,
C'est comme un roi à l'appétit centuplé!

LE FRANÇAIS (*se curant les dents*)

Pourquoi ces cris ?
On avait promis de partager en deux,
Et on le fait,
Le fromage d'un côté,
Les trous de l'autre...
C'est ça, la république démocratique.

LE SPÉCULATEUR

Tout le monde peut pas croquer la pomme,
Il faut bien bouffer les pépins.

LES IMPURS

On va vous faire voir la lutte des classes!

LE CONCILIATEUR

Et voilà,
de nouveau cet abri est détruit,
De nouveau,

on entend des clameurs et des cris.
Ça suffit!
Ça suffit!
Pas de sang!
Ecoutez-moi,
Je ne peux pas!
C'est très bien, tout ça,
La commune,
Et le reste,
Mais ça demande des siècles!
Camarades ouvriers,
Vous devez vous réconcilier
Avec les purs!
Ecoutez un vieux menchévik expérimenté!

LLOYD GEORGE

Me réconcilier ?
J'y laisserais mon capital!
Tu vas voir, on va te réconcilier, nous!

LE SOLDAT DE L'ARMÉE ROUGE

Je vais te concilier, moi!

LE CONCILIATEUR

Encore entre l'arbre et l'écorce!
Encore un passage à tabac bilatéral!
(*Les impurs commencent à refouler les purs.*)

Citoyens!
Arrêtez!
Notre politique probe et libérale...

LES IMPURS

Au feu, la boutique!
On va leur faire voir la politique!

A l'eau les chacals!
Souvenez-vous du mois d'octobre!

(Les impurs s'emparent des armes que les purs avaient abandonnées au cours de leur repas, et refoulent leurs adversaires jusqu'à la poupe. On voit gigoter les membres postérieurs des purs jetés à l'eau. Le spéculateur réussit à se cacher dans une soute à charbon en emportant une moitié de morse, l'intellectuel et la dame vont s'installer dans l'autre. Le conciliateur s'est emparé de la main du journalier et sanglote en s'efforçant de la retenir.)

LE JOURNALIER

Mouche-toi,
Demi-sel.
La révolution et les collations,
Ça fait deux!

(Le conciliateur le mord à la main.)

LE FORGERON

Mais il est mauvais comme la gale!
Expédiez-le par l'écoutille
A fond de cale.

LE FUMISTE

Cet avorton ?
Il va y laisser la peau...

LE JOURNALIER

Pas de sentiment!
S'ils remontent,
On finira les os brisés sur une croix.
Attendez l'Ararat.
Pas de dentelles, de boniments!

LES IMPURS

Il a raison!
Il a raison!
Nous ou eux —
pas de milieu!

LE JOURNALIER

A nous la terreur!

LE FORGERON

Camarades!
Calmez ceux qui voient rouge à coups de godillot!
Pas d'excités!
Alors le peuple, tu te réjouis pas ?
Réjouis-toi!

LE BOULANGER

Réjouis-toi ?
Tu as pensé au pain ?

LE JOURNALIER

Réjouis-toi ?
Comment semer ?

L'ALLUMEUR DE RÉVERBÈRES

Réjouis-toi?
Les champs sont sous les flots!

LE PÊCHEUR

Les filets déchirés!
Plus de poisson...

LE CHAUFFEUR

Comment traverser ce désert ?
Si seulement on pouvait accoster,
être au sec...

LE CHASSEUR

Le bateau craque.

LE CHAUFFEUR

Pas de boussole.

TOUS

C'est la débâcle.

LE FORGERON

On ne s'arrête pas à moitié chemin.
Les tripes des noyés
Ont gardé leur butin.
Autant de gâché...
Il faut s'accrocher,
Tenir!
Tenir!
Arriver au sommet!
Sinon c'est fini.
Sinon faut crever.
Malgré la tempête,
Malgré le soleil,
Malgré la disette,
Il faut tenir,
Les yeux dans les yeux de la faim.
Sinon c'est la fin!
Si l'estomac est noué
Et plein d'écume salée,
Les maîtres à bord,
C'est nous!

LA BLANCHISSEUSE

On mangera aujourd'hui,
Mais demain ?
Il reste deux biscuits dans tout le bâtiment.

LE JOURNALIER

Camarades!
Serrons la ceinture
Et baissons la ration.

(La tête de la dame et celle de l'intellectuel sortent de la soute à charbon.)

L'INTELLECTUEL

Vous entendez —
Ils ont dit — biscuits.
Ici on a faim,
Il fait un froid cuisant
Et j'ai si peur dans le noir.

LA DAME

Mettons-nous au service du pouvoir soviétique.

(Ils sortent.)

LES IMPURS

Plaît-il ?
Des revenants ?

L'INTELLECTUEL

Oh! Non.
Des sympathisants,
des sans-parti.
Terrés dans la soute à charbon
Au temps de la longue patience,
Nous attendions...
Le pouvoir des soviets
Nous ravit.

LA DAME

Je déteste les bourgeois!
Ils sont insupportables!

De vrais chevaliers d'industrie!
Je bouillais d'impatience!
Leur tyrannie m'humiliait.
Dites, vous voulez ?
Enrôlez-moi comme dactylo.
Je taperai
d'un doigt,
Comme au piano.

L'INTELLECTUEL

Moi aussi.
Comme il se doit :
Sans spécialiste
Pas de salut,
Sans technicien
vous êtes foutus!
Une seule issue :
Le fond des flots.

LE FORGERON

Pas de salades,
On flottera!

(*A la dame :*)

Assieds-toi, camarade.

(*A l'intellectuel :*)

Toi, en bas!
Tu seras chef-mécanicien,
Dans la cale.

LE CHAUFFEUR

Mon ventre crie famine,
Je suis fourbu, je cale,
Comme une chaudière sans bois.
Nous voilà mal en point.

LE MINEUR

Ma force me quitte,
Je dépéris,
J'ai l'estomac comme un parpaing.

LE SOLDAT DE L'ARMÉE ROUGE

On a tout fait pour étouffer les purs
Balancés aux marsouins,
Et ce n'est pas assez!
Il faut de l'eau,
Il faut du pain.

LES IMPURS

Que faire ?
Où donner de la tête ?
A quel saint se vouer ?
Dieu nous tient en sa main,
Le salut est en lui.
Mains jointes,
Faisons foi au Messie.

LE CHARPENTIER

L'Antéchrist nous parlera
Du paradis et d'Ararat.

(*Il bondit, saute avec effroi sur ses jambes et montre un point sur l'horizon.*)

Il vient!
Ses os sanglotent
sur les flots
Comme une flûte!

LE RAMONEUR

Et patati
Et patata,

N'insiste pas!
Il ne vient rien.

LE CORDONNIER

Regardez!
Le spectre de la faim
Vient le sceptre à la main
Nous dévorer vivants!

LE JOURNALIER

Il peut venir!
Nous serons là pour l'accueillir.
Debout,
Prêts au combat!
Camarades,
Tous sur le pont, sur le beaupré!
La faim est par tribord
Pour nous cueillir à l'abordage!

(Tous les impurs arrivent en vacillant avec des armes improvisées. Le jour s'est levé.)

TOUS

Alors ? Ça vient ?
Plus rien...
On va encore
pleurer le sang des yeux
sur le sein des eaux
amères...

LE CHASSEUR

Mirage!...
Rôti par le soleil dans les fours du désert,
Prêt à crever,
Un miroir glacé vous soulage.
Mirage...

LE CHAUFFEUR

(animé par une émotion extraordinaire,
il ajuste ses lunettes, scrute l'horizon
et s'adresse au forgeron)

Tu ne vois pas,
Là-bas,
A l'ouest,
Un point plus clair ?

LE FORGERON

Laisse tomber.
Rien ne viendra.
Pile tes binocles dans un mortier
Mets-toi-les au derrière,
C'est pareil.

LE CHAUFFEUR

(il recule en courant,
pointe une lunette vers une vergue.
Il hurle de joie un instant après)

Je vois
L'Ararat! L'Ararat! L'Ararat!

TOUS

Quelle joie!
Hourra! Hourra! Hourra!

(Tout le monde se dispute la lunette du chauffeur.)

LE CHARPENTIER

Où est-il ?

LE FORGERON

Là-bas!
Sur l'horizon,
A droite...

LE CHARPENTIER

De quoi ?
Tu le vois
Se dresser,
Avancer,
Approcher ?

LE CHAUFFEUR

Tu déraisonnes.
Une montagne qui marche,
Ça n'existe pas.
Tu divagues.

LE CHARPENTIER

Divague toi-même!
Regarde — ça remue!

LE CHAUFFEUR

C'est vrai, ça vient!
C'est un être humain.
Un ancêtre, avec un bâton,
Un jeune, sans rien.
Il avance sur les vagues
Comme sur une piste de danse!

LA BLANCHISSEUSE

Sonnez les cloches à toute volée!
Sonnez, sonnez bourdons!
Notre Sauveur approche
Et vient de Galilée!

LE FORGERON

Dieu a des pommes,
Des oranges,

Des citrons,
Il fait la pluie et le beau temps
Et le printemps sept fois par jour,
Nous,
Nous avons vécu notre temps sur la terre
Et n'avons vu que son cul
Eternel.
Maintenant, le Père nous harcèle,
Nous christifie avec le Fils
Au traquenard du Saint-Esprit.

LE JOURNALIER

A la porte le galvaudeux!
Pas d'apôtres à bord!
La bouche des gueux
N'est pas un moulin à prier le bon Dieu!
Ne bouge pas!
Sinon!
Qui es-tu ?

L'HOMME

Je suis un sans-classe,
sans-nation,
sans-tribu.
Je vis à vingt siècles de là.
Vous voyez —
Tout simplement —
l'homme du futur.
Mon but :
Embraser le foyer insoumis de votre âme.
Il est dur
De marcher à tâtons dans la nuit,
Il est dur de faire tentative de vie
Quand on est seul.
Ecoutez

Le Nouveau Sermon sur la montagne :
Impatients, vous attendez votre sommet ?
Il n'y en a pas!
Vos rêves dorés vous ont leurrés.
Les Ararats
n'existent pas.
Et alors!
Si la montagne ne va pas à Mahomet,
Qu'elle aille au diable!
Je ne fais pas l'article, la retape, la réclame,
Je n'appelle pas à grossir le troupeau
du bétail zélé
des jeûneurs sans malice,
Suçant du thé sans sucre
dans le « Jesus's Paradise ».
Je proclame :
Ciel sur la terre,
La vraie terre,
La terre des prolétaires!
Pas le ciel affamé des Simon et des Pierre,
Le ciel creux
Du petit Jésus-Christ!
Jugez-en :
Dans mon paradis de cristal,
Le travail des robots
Nous libère.
Dans mon royaume
Le labeur douloureux qui crevasse les mains
S'est fait joie du matin, éclat de rire, chanson,
Bouton de rose éclos au creux d'une paume.
Le soleil danse et joue
Mille tours,
Et ses jeux merveilleux de couleur
Illuminent les pas et les cœurs.

Ici, le fils du maraîcher
A, comme son grand-père,
Cloche de verre, terreau, fumier...
Chez moi, le chiendent dans les prés
Donnerait six fois par an
Une récolte d'ananas.

TOUS

On y va tous!
Nous perdons rien!
Entrerons-nous ?
Va-nu-pieds, vadrouilleurs, vagabonds ?

L'HOMME

Mon paradis appartient à tous
Sauf aux pauvres d'esprit,
Carêmes-prenants qui font la semaine
Des quatre vendredis
Et maigre le mardi-gras;
Enflés, blafards, énormes comme la lune!
Un chameau passera plus facilement par le chas d'une aiguille
Que n'entrera chez moi ce ventripotent!
A moi
Celui qui plante son couteau jusqu'à la garde
Et s'en va en chantant.
Celui qui n'a pas pardonné
Entrera le premier dans mon royaume terrestre.
Ceux qui ne sont pas
Des bêtes de somme, de trait, de bât,
Ceux qui ne s'y font pas
Et qui se sentent à l'étroit,
A eux
Mon royaume terrestre.

Et sachez-le :
Le ciel n'en sera pas!

TOUS

Se moque-t-il des gueux ?
Où sont-ils ?
Où sont tes pays merveilleux ?

L'HOMME

Vous marcherez longtemps, longtemps,
Dans les nuages,
Et au-delà.

TOUS

Les nuées
Tomberont dans la lutte,
Exténuées.

L'HOMME

Si un brelan d'enfers vous attend au tournant,
Que ferez-vous ?

TOUS

On donnera l'assaut,
Sans tourner la casaque
Ou le dos.
Nous te suivons.
Où est la route ?

L'HOMME

Où ?
Vous attendez
Qu'on vous en chante les merveilles...
Mais il est ici,
A portée de bras,
A portée de main,

A portée de votre main.
Où sont-ils ?
Que font-ils, vos bras,
Repliés en inutiles croix ?
Vous vous terrez
Comme des gueux misérables et gelés,
Quand vous avez
L'hégémonie de l'univers!
Des relents de tempête
Font frémir la mâture du bateau ?
Vouez la nature aux gémonies!
Vous vivrez au chaud,
Dans la lumière,
Cette douce lumière de la terre,
La vague vous battra le briquet électrique.
Si votre nef a la colique,
Si votre quille racle le fond des eaux,
Ne craignez rien —
Mieux que trèfle ou sainfoin —
On y trouve la houille —
Notre pain quotidien.
Laissez hurler le vent diluvien
Et craquer vos coquilles de noix.
Prenez vos bras,
Le gauche,
Le droit, —
Le salut est là.
J'ai fini,
La parole est à vous.
Je me tais.

(*Il disparaît. Stupéfaction émerveillée à bord.*)

LE CORDONNIER

Où est-il ?

LE FORGERON

Je crois qu'il est en moi.

LE JOURNALIER

Moi aussi,
je crois qu'il m'a contaminé.

DES VOIX

Qui est-il ?
D'où vient cet esprit fugitif?
Qui est-il, sans nom,
prénom,
ni patronyme ?
D'où vient-il ?
Qu'a-t-il prophétisé ?
Nous clapotons comme un bouchon
Sur la flaque mortelle du déluge.
Ça ne fait rien!
La terre promise,
Nous l'aurons!

LE JOURNALIER

Le coup du paradis,
C'est donc vrai ?
Le bonheur n'est donc pas un vain mot ?

DES VOIX

Pour y arriver plus vite,
Levez haut le marteau!
Faites siffler la cognée!
Serrez les rangs!
Alignement à gauche!
Le bateau craque.
La discipline nous sauvera.

La gueule de l'abîme est sinistre.
Notre salut
Passe par les nuages!
En avant!

(*Ils bondissent vers le mât.*)

TOUS

A l'assaut!
Par-delà le ciel!

(*Un chant de combat éclate dans les vergues.*)

Ohé! dans les vergues!
Ohé! dans les hunes!
Montez, commissaires des mers!

LE CHŒUR

Montez, commissaires des mers!

LE CORDONNIER

Le repos des vainqueurs
Vient après le combat.
Les nuages cotonneux
Banderont nos pieds las.

LE CHŒUR

Le coton des nuages
Bandera nos pieds las.

LE CHARPENTIER

Les murailles célestes
Tomberont sous nos coups.
Gravissons l'arc-en-ciel
A l'assaut du soleil.

LE CHŒUR

Grimpez dans le soleil,
Tenez bon l'arc-en-ciel.

LE PÊCHEUR

Assez de prophètes!
Nous sommes nos Jésus!
Montez dans les vergues!
Branle-bas de combat!

LE CHŒUR

Branle-bas de combat!
Sur les vergues, dans les mâts!

(*La dame et l'intellectuel escaladent péniblement le mât à la suite du dernier impur qui disparaît. Le menchevik hésite un instant.*)

LE CONCILIATEUR

Où vous allez ?
Dans la commune ?
En voilà une idée!

(*Il se retourne. L'arche craque.*)

En avant, camarades!
Plutôt monter que crever...

(*Il disparaît et le spéculateur sort enfin avec un gros sourire de la soute à charbon.*)

LE SPÉCULATEUR

Quelle couche!
Rien qu'au prix de la ferraille,
Ça fait trois cents millions
De camelote.
Comme bénéfice!...

**Qu'est-ce qui se passe ?
Ça craque!...
Ça se casse!
Au secours!
On coule!
Camarades!
Camarades!
Ne m'abandonnez pas!
Camarades!
Je suis foutu, tout seul!...**

LE CONCILIATEUR

**Arrive, arrive,
Tu l'obtiendras, ta concession...**

(*Rideau.*)

TROISIÈME ACTE

C'est l'enfer. Le fond de la scène est occupé par une énorme porte sur laquelle on lit : « Soyez bref, nos secondes sont précieuses. » Deux diables montent la garde de part et d'autre. Deux diables plantons échangent des répliques à travers tout le théâtre. On entend faiblement le chœur à travers la porte.

LE CHŒUR

Nous sommes les diables, les diables, les diables,
C'est nous qui grillons les damnés exécrables!

PREMIER PLANTON

Ah! Mon pauvre vieux,
Quelle chienne de vie!

DEUXIÈME PLANTON

Diable! Ces derniers mois, j'en ai soupé!

LE PREMIER

Rien à bouffer...
C'est pas de la... soupe, mais ça viendra!

LE CHŒUR

On a débusqué les épiciers en soutane,
La crise alimentaire devient inexorable!

DEUXIÈME PLANTON

Depuis que ces gens de la haute sont là,
La vie est devenue infernale.
Apporte ci! Apporte ça!
Le vrai diable, le diable à pedigree,
Est passé domestique.

LE PREMIER

Et surtout ce Négus d'Abyssinie,
Avec sa trogne noire
Et son appétit abyssal!

LE CHŒUR

C'est épouvantable, inimaginable,
Pas le moindre coupable, on peut bien crever!

LE PREMIER

Où sont les jours heureux
où nous étions joufflus ?

LE DEUXIÈME

Où est ce bon vieux temps ?

LE PREMIER

Depuis qu'ils ont congédié leurs curés,
Plus de fournisseurs.

LE DEUXIÈME

La portion est congrue.

LE PREMIER

La ration est sordide.

LE DEUXIÈME

Encore,
S'ils avaient noble prestance,

Un petit je ne sais quoi de satanique...
Même pas,
Ils font piètre figure, chauves, abjects!

LE PREMIER

Tant va la cruche à l'eau
Qu'à la fin y'a de la casse!
Ils l'auront, leur révolution!

LE DEUXIÈME

Chut!
On sonne encore.

TOUS LES DEUX

Courons!

(Ils traversent la scène. Les diables de garde interrogent les plantons et ouvrent la porte après avoir fait un bref rapport.)

LLOYD GEORGE

Ah! Vous voilà, excréments de l'enfer!
Suppôts de Satan!
Pourquoi les pécheurs ne se prennent pas aux pièges ?

LE POPE (*furieux et menaçant*)

Alors, je me suis échiné sur la terre
A vous fournir de la provende
Pour venir outre-tombe subir les restrictions
Et m'abîmer le ventre!

LES PLANTONS (*aigrement*)

Prenez donc une fourche,
Attrapez-les, vous.

CLEMENCEAU

Taisez-vous!
Faudrait voir à cesser!
Morbleu! Sans rechigner
les diables nègres doivent servir les blancs.
Nous sommes diables de sang bleu!

DEUXIÈME PLANTON

C'est la loi du milieu!
Quelle pègre!
La lutte des classes ronge l'enfer,
Comme la lèpre.

LE PACHA

De quoi! On rouspète!
Luciferment de rébellion!
Mais je vais te larder à coups de fourchette,
A coups de couteau!

LE DIABLE MAÎTRE DES CÉRÉMONIES

Sa Majesté Belzébuth
Désire parler
A son enfer féal et infernal!

L'ALLEMAND

A vos rangs!
Fixe!
Ne tortillez pas du croupion!
(*Entre Belzébuth.*)

BELZÉBUTH

Mes bien-aimés diables,
Ce temps d'affliction
Où vous alliez, faméliques et affamés,

Tire à sa fin.
Haut les queues!
Clamez votre joie!
Le grand carême s'achève.
Quinze damnés sont signalés!

LE POPE (*se signant*)

Dieu soit loué!
Fini les litanies sataniques
Et le pain sec!

LE CHINOIS

On se sent vraiment entre ascètes, ici,
Encore qu'ils soient sans culotte
Et de couleur anthracite.

LE NÉGUS

Je fais faire un festin du diable!
Ça va péter le feu!

LLOYD GEORGE

Je m'en vais aiguiser mes cornes!
Ça leur apprendra à me dégommer!

BELZÉBUTH (*aux plantons*)

Au poste de garde!
Vite!
Prends ces jumelles.
Regarde bien!
Aucun ne doit s'en tirer!
Sinon, tu le sentiras passer!

(*Armés de leurs jumelles, les diables-plantons courent dans la salle en tendant l'oreille. La porte s'ouvre.*)

LE PREMIER

Je ne tiens plus!
Ça va barder!
Je foncerai
cornes baissées!
Queue en bas!

LE DEUXIÈME

Ça va saigner!

LE PREMIER

Je vais leur faire passer le goût du pain!
J'aime le ragoût de damné dodu,
Un régal!

LE DEUXIÈME

Moi, je les bouffe nature,
Sans condiments.
Chut!
T'entends ?
Ils arrivent.
Quel boucan!

(Ils tendent l'oreille. On entend le vacarme des impurs qui démolissent le vestibule de l'enfer.)

LE PREMIER

Le vieux va être content!

LE DEUXIÈME

Tais-toi!
Tu fais un potin du diable!
Cours avertir l'état-major.

(Le premier planton s'en va en courant. Belzébuth apparaît à un balcon en scrutant l'horizon. La tête des diables dépasse.)

BELZÉBUTH (*enfin convaincu, crie*)

Holà! Mes diables!
Amenez le grand chaudron.
Amenez des rondins,
Grands, gros, secs et longs!
Faites un feu d'enfer!
Bataillon centicorne, au combat!
Encornez-les sans hésiter,
Aucun ne s'en tirera!

(*Les diables se tiennent cois. On entend les cris des impurs dans le lointain : « Sur les mâts! Sur les mâts! Dans les vergues! Dans les vergues! » La foule des impurs apparaît sur la scène et les diables foncent aussitôt dessus en poussant des clameurs effroyables.*)

LE FORGERON

(*montre en riant les anciens purs à la couturière*)

Déjà vu ça quelque part!
Qu'en dis-tu ?
On les a eus sans cornes.
On les aura cornus.

(*Les impurs réclament le silence.*)

LES IMPURS

Ch-u-u-ut!

(*Décontenancés, les diables se taisent.*)

LES IMPURS

C'est l'enfer ?

LES DIABLES (*timidement*)

Euh! Oui...

LE JOURNALIER (*montrant le purgatoire*)

Camarades, pas d'histoires!
On n'a pas le temps!
Grimpons!

BELZÉBUTH

Ouais! C'est ça!
Diables, en avant!
Ils n'iront pas au purgatoire!

LE JOURNALIER

Dites donc,
Pas sérieux, votre style oratoire.

LE FORGERON

Laissez tomber.

BELZÉBUTH (*ulcéré*)

Laisser tomber ? Comment ça ?

LE FORGERON

Mais oui, un peu de pudeur!
Vous êtes quand même un vieux diable
poivre et sel.
Vos visions de terreur sont risibles.
Trouvez autre chose.
Vous n'avez jamais visité
Une fonderie d'acier ?

BELZÉBUTH (*sèchement*)

Cessez de jacasser,
Je ne l'ai pas vue, votre aciérie.

LE FORGERON

Ça se voit!
Tu puerais le roussi!
Tu te la coules douce, ici,
T'es svelte et musclé
Comme un trapéziste.

BELZÉBUTH

Moi, musclé ?
Moi, svelte ?
Assez de baratin!
Venez vous faire braiser!

LE BOULANGER

Toujours le mot pour rire!
Vous n'avez pas mieux ?
A Moscou
On vous payerait les bûches
et on dirait merci.
Ici, on ne souffre pas du froid.
Vous avez l'air de rôtir sur une plage
dans votre plus simple appareil.
Un vrai paradis!

BELZÉBUTH

Assez plaisanté!
Tremblez pour vos âmes!
Vous périrez dans la fumée du soufre!

LE FORGERON (*commençant à se fâcher*)

Vantard!
Chez vous la fleur de soufre embaume.
Chez nous, un nuage d'ypérite
Apporté par le vent,
Allonge un champ gris de cadavres
Et fait un cimetière d'un régiment,
un régiment de cimetières.

BELZÉBUTH

Craignez, vous dis-je, le gril ardent!
Les tenailles rouges
Et le trident!

LE JOURNALIER (*hors de lui*)

T'as pas fini de la ramener,
Avec tes tenailles ?
Pour nous,
Ton enfer faisandé est un lieu de délices.
En bas, la biffe qui montait à l'assaut
Tombait comme des blés mûrs
Sous la faux des Hotchkiss.

(*Les diables écoutent bouche bée, écarquillant les yeux.*)

BELZÉBUTH
(*s'efforçant de maintenir la discipline*)

Alors ?
Remuez-vous!
Il ment, peut-être.

LE JOURNALIER (*enragé*)

Moi ?
Je mens ?
Que le diable vous emporte!
Vous restez là,
A faire le fier dans vos cavernes...
Ecoutez,
Je vous raconterai...

LES DIABLES

Chut! Chut!

LE JOURNALIER

... les horreurs de la terre.
Votre Belzébuth, à côté,
Est une belle petite buse,
Avec sa fourchette!...

Venez donc faire un tour à terre.
Diables, connaissez-vous le blocus ?
En agitant une fourche
Au nez d'un ouvrier,
Vous croyez l'effrayer ?
Les tanks anglais nous assaisonnent
A coups d'obus!
Dans une tenaille de fer rougie au feu
Les flottes de guerre et les armées du capital
Déchirent
La république des ouvriers!
Vous épargnez les justes
Et les gosses.
C'est le trac ?
Chez nous, ils trinquent aussi!
Non, diables, on se sent mieux ici.
Comme un Turc ignorant,
Vous plantez d'un seul coup
Un pécheur sur un pal,
Chez nous, ça se mécanise,
Chez nous, ça se civilise...

UNE VOIX (*sortant de la foule des diables*)

Mille diables!

LE JOURNALIER

Vous buvez du sang bien frais ?
Substance de mauvais goût,
Régal sans finesse...
Un peu plus tôt, vous pouviez voir l'usine
Où on le raffinait en chocolat.
C'est le bourgeois qui s'empiffrait.

UNE VOIX (*parmi les diables*)

Non ? C'est sérieux ?

LE JOURNALIER

Regardez donc l'esclave d'une colonie anglaise.
C'est à faire fuir un démon.
La peau tannée des nègres
Sert à relier des livres
Pleine peau.
Un clou dans l'oreille ?
Des aiguilles sous les ongles ?
Je vous en prie! Comment donc!
Regardez un soldat dans la boue des tranchées,
A côté, votre martyr est un merdeux!

UNE VOIX (*parmi les diables*)

Ça suffit! Arrêtez!
Ma toison se hérisse!
Ça me donne le frisson!

LE JOURNALIER

Vous croyez nous faire peur ?
Avec ce feu qui fume ?
Ces casseroles ?
Vous êtes des enfants de chœur!
Les courroies des machines qui arrachent les membres,
Vous connaissez ça ?

BELZÉBUTH (*embarrassé*)

Et voilà!
On ne se gêne plus...
On fait comme chez soi...

LE POPE (*poussant Belzébuth par-derrière*)

Le four infernal!
Le grand four!...
Dis-leur!...

BELZÉBUTH

C'est déjà fait.
Plus d'atouts.
Un vrai four...

LE JOURNALIER (*offensif*)

Allez, terreurs à la manque!

BELZÉBUTH

C'est infernal!
Laissez-nous en paix!
Vous n'avez jamais vu de diables!

LE CONCILIATEUR
(*en s'efforçant de séparer les impurs et les diables*)

Oh! Mon Dieu!
Ça commence!
Mais enfin!
Deux révolutions,
Ce n'est pas assez ?
Messieurs, camarades,
Pas d'esclandre!
Vous n'avez rien de plus tendre ?
Comme ortolans, on fait mieux...
Et vous, vous ne valez pas mieux.
Une petite concession!
Regardez, c'est un vieux diable,
Un diable respectable.
Cessez donc ces frictions.
Réconciliez-vous!

BELZÉBUTH

Affreux hypocrite!

LE JOURNALIER

Maudit jésuite!

(*Le conciliateur se fait rosser par les deux camps.*)

LE CONCILIATEUR (*s'adressant à la salle*)

Citoyens!
Où est la justice ?
On proclame la réconciliation
Et ça se passe sur votre dos!

BELZÉBUTH (*avec tristesse*)

Je vous dirais bien :
« Venez manger un morceau,
En famille »,
Mais, de nos jours,
La chair est maigre —
La peau et les os!
On tire le diable par la queue.
Vous savez ce que c'est ?
On met un homme à la broche,
Il n'en reste que les cors.
Comme ça, on ne brioche pas.
L'autre jour, on a tiré un ouvrier,
D'une fosse commune,
Eh bien, c'est sidérant, rien à vous offrir!

LE JOURNALIER (*dégoûté*)

Que le diable t'emporte!

(*Aux ouvriers qui l'attendent depuis longtemps avec impatience.*)

Allez, on y va!

(*Les impurs s'ébranlent, Belzébuth s'accroche au dernier.*)

BELZÉBUTH

Bon voyage!
N'oubliez pas!
Je suis un diable expert!
Que voulez-vous ? — le métier.
Une fois installés,
Invitez-moi,
Je serai spécialiste
Du chauffage urbain.
On reste là toute la journée
A se serrer la ceinture.
Et les diables sont doués
D'un appétit d'enfer,
Ça se comprend.

(*Les impurs disparaissent dans les hauteurs. On voit tomber des débris de nuages. Il fait sombre. Dans l'obscurité et les débris de la scène vidée on voit se dessiner le décor suivant. Pendant ce temps-là, la chanson des impurs résonne dans l'enfer.*)

LE FORGERON

Brisez la porte de l'enfer!
En miettes, le purgatoire!
En avant sans faiblir!

LE CHŒUR

Brisez les portes du purgatoire!
Sans défaillir!

LE MINEUR

Sans repos,
Sans répit ni trêve.
En avant, dans les nuages!

LE CHŒUR

Sans repos,
Sur les nuages,
En avant,
Sans répit!

LA DAME

(*qui sort d'on ne sait où et bondit sur Belzébuth*)

Ma petite Belzébulle!
Chéri!
Adoré!
Ne m'abandonnez pas,
Toute seule, dans l'adversité!
Laissez-moi
Rejoindre les miens!
Vous voulez bien ?
Ces impurs sont des butors,
Des malandrins!

BELZÉBUTH

Voilà qui est parfait!
Nous sommes toujours au service des dames.
Donnez-vous la peine d'entrer,
Madame.

(*Il lui montre la porte d'où bondissent immédiatement deux diables la fourche à la main qui emmènent la dame. Il se frotte les mains.*)

Et d'une!
Du déserteur!
M-m-m-m! Voilà qui est toujours succulent
En diable!

(*Rideau.*)

QUATRIÈME ACTE

L'action se passe au paradis. La scène est pleine de nuages. Ambiance blanchâtre. Les Elus sont tous installés sur des nuages, au milieu. Mathusalem est en train de discourir.

MATHUSALEM

Révérendissimes!
Allez astiquer les chandeliers du Saint des Saints.
Gabriel nous annonce —
Une douzaine de saints descendent du sein des cieux.
Révérendissimes!
Accueillez-les dans votre sein!
La famine les traque
Tel un chat une souris,
Ils marchent
En butte aux desseins du Malin
Et cheminent en souriant...

LES ÉLUS
(*avec dignité et componction*)

L'odeur de sainteté les précède de loin.
Ouvrons-leur nos rangs.
C'est décidé.

MATHUSALEM

Il faut mettre la table,
Aller à leur rencontre,
Organiser une réception solennelle,
Leur souhaiter la bienvenue.

LES ÉLUS

Vous êtes le plus vénérable
Et le doyen de céans.
Soyez donc maître des cérémonies.

MATHUSALEM

Mais jc ne sais pas, moi.

TOUT LE MONDE

Oh! ça va...
Ça va...

MATHUSALEM

(*remercie l'assistance par une inclinaison de tête et va s'occuper de la table. Il fait se ranger les saints en file*)

Par ici, le Chrysostome,
Prépare le discours de réception :
— Le paradis, et le Christ aussi,
Ont la joie de vous accueillir ici...
Toi qui parles d'or, c'est ton rayon.
Tolstoï, par ici,
Tu as un air noble et pittoresque,
Adopte une pose digne et garde-la.
Par ici, Jean-Jacques,
Voilà, comme ça, faites la haie.
Moi, je veille sur la table.
Tu trais le pis des nuages, mon fils ?

L'ANGE

Oui, je trais.

MATHUSALEM

Une fois le lait tiré —
Porte-le sur la table.
Pétris aussi un nuage,
Une tranche par personne.
L'essentiel n'est pas là.
Le Royaume des Cieux est à ceux
qui ont faim d'Esprit coulant en homélies salutaires
à la table des saints.

LES ÉLUS

Alors ?
Rien encore ?
Voilà un nuage qui a l'air bien enceint!
Les voilà! Les voilà! Les voilà!
Pas possible, c'est eux ?
Noirs comme des ramoneurs ?
Venant au Paradis ?
Ça ne fait rien.
On les mettra au bain de l'eau.

(*On entend la chanson des impurs :*)

Chante, chœur des fusils!
Grondez, grondez, canons!
C'est nous, notre Sauveur!
Notre Jésus, c'est nous!

(*Ils font irruption sur la scène en crevant le nuage du plancher.*)

LES IMPURS (*en chœur*)

Ce qu'ils sont barbus!
Il y en a bien trois cents!

MATHUSALEM

Vous avez touché le havre de grâce,
Donnez-vous la peine d'entrer.

UNE VOIX ANGÉLIQUE

On se croirait à la foire.
Quelle invasion!

LES ANGES

Très zonorés, zonorés!
Entrez donc! Hosanna!

MATHUSALEM

Allez, Chrysostome, ton discours.

LES IMPURS

Au diable l'orateur, pas de discours!
On a le ventre creux.

MATHUSALEM

Patience, frères.
Encore un instant
Et vous serez rassasiés.

(*Il conduit les impurs à la table de nuage où se trouve le lait de nuage et le pain de nuage.*)

LE CHARPENTIER

J'en ai plein mes bottes.
Vous n'auriez pas une chaise ?

MATHUSALEM

Non.
Pas au paradis.

LE CHARPENTIER

C'est mal installé.
Votre faiseur de miracles
A le dos tout cassé.
Quand même!

LE MINEUR

Sois correct.
On va se caler l'estomac.
C'est l'essentiel.

(Ils se jettent sur les brocs et les miches de pain. Etonnés puis furieux, ils envoient tout à terre.)

MATHUSALEM

Alors, vous avez consommé ?

LE CHARPENTIER (*menaçant*)

Ouais, on a consommé!
Il n'y a rien de plus substantiel ?

MATHUSALEM

Mais voyons,
les esprits sans substance ne baignent pas dans le vin et le miel.

LES IMPURS

Et nous qui mourons,
plaçant en vous nos espérances!
Si les hommes sains d'esprit
savaient ce qui les attend
et les soutient!
Des paradis comme ça,
La terre en est remplie!

MATHUSALEM

(*en désignant le saint apostrophé par le forgeron*)

Hurlez pas, enfin,
Ce n'est pas convenable,
C'est un chérubin.

LE PÊCHEUR

Demandez à votre chérubin
S'il n'aurait pas une bouchée de pain.

VOIX DES IMPURS

On ne voyait pas ça comme ça.

LE CHASSEUR

Un trou!
Un vrai trou!

LE CHAUFFEUR

Ça ne ressemble même pas au paradis.

LE CORDONNIER

Nous voilà dans de beaux draps!

LE DOMESTIQUE

Quel bled!

LE JOURNALIER

Alors, c'est tout ce que vous faites ?

UN ANGE

Oh! Non!
Pleins d'une onction extrême,
Parfois nous allons joindre
Un frère ou une sœur en Christ,

Nous remontons,
Laissant nos huiles à oindre
Sur la terre.

LE DOMESTIQUE

Et vous laissez vos plumes aux nuages ?
Farfelus!
Payez-vous l'ascenseur.

UN DEUXIÈME ANGE

Nous, nous brodons sur les nuages célestes
N.S.J.C. —
Il s'agit du Rédempteur,
Ce sont ses initiales.

LE DOMESTIQUE

Pendant que vous y êtes,
Sucez de la réglisse,
Innocents!

LE JOURNALIER

Je les aurais dressés, moi,
Sur la terre,
Jamais vu personne d'aussi fainéant,
On chante bien :
« A bas les tyrans. Brisez vos chaînes. »
On finira bien par vous balayer,
Dans votre perchoir.

LA COUTURIÈRE

C'est tout à fait comme à Pétersbourg —
Trop d'habitants et rien sous la dent.

LE MINEUR

Ah! Ce qu'on s'ennuie ici...

MATHUSALEM

Que voulez-vous ?
Le régime a des vices profonds
Et la perfection n'est pas de ce monde.

L'INTELLECTUEL

(*regardant Léon Tolstoï et Jean-Jacques Rousseau finit par s'adresser au dernier*)

Je me disais :
Je connais ces têtes-là.
Vous! —
Vous êtes Jean-Jacques Rousseau.
Quelle joie!
J'en perds la raison!
Liberté-Egalité-Fraternité!
C'est vous ?
Le Contrat Social!
C'est vous ?
Mais je vous connais par cœur!
D'un bout à l'autre.
Daignez agréer l'expression
De ma plus vive considération.
J'aime par-dessus tout
les décoctions de bouquins libéraux!
Je ne bouge plus.
Je reste là.
Ces ignorants impurs peuvent décamper.
Nous avons à nous entretenir.
Dans votre Contrat...

LE JOURNALIER

La sortie, c'est par où ?

MATHUSALEM

Demandez à Gabriel.

LE JOURNALIER

C'est lequel, Gabriel ?
Ils sont tous pareils.

MATHUSALEM

(*en caressant orgueilleusement sa barbe*)

Ne dites pas ça,
Il y a des différences,
La longueur de la barbe, par exemple.

LES IMPURS

Pas de discussions!
Cassez tout!
Ce nid à saints, c'est pas pour nous!

LE CONCILIATEUR

Chut! Chut!
Camarades, conciliez tout!
Etouffez la discorde honnie.
Toutes ces histoires de classes,
Vous trouvez ça important ?
Moi, pas.

(*Aux anges :*)

Regardez-les,
Hein!
Moi, à votre place,
Je serais comblé :
C'est l'élite de la société,
Le dessus du panier —
Le prolétariat.

(*Aux impurs :*)

Vous aussi,
Vous êtes gratinés!

Considérez son rang,
Son rôle hiérarchique!
C'est un archange vengeur,
Pas un Wrangel.

MATHUSALEM

Me concilier avec ça ?
Dieu m'en garde!

LE FORGERON

Je vais te concilier, moi!
En voilà un toupet!

LE CONCILIATEUR (*il pleure*)

On fait du zèle
Et ça fait du vilain.
Encore une exécution à quatre mains!
Oh! Là! là!
Ça me fend le cœur.
Encore un brin de conciliation
Et je m'en vais rendre l'âme!

LE JOURNALIER

Vers la terre promise!
En avant!
Labourons le paradis
De nos pas!

LE CHŒUR

Trouvons-la!
Labourons l'univers
De nos pas!

MATHUSALEM

(poussant une effroyable clameur de détresse en voyant les impurs ravager le paradis)

A la garde!
Au secours!
Au voleur!
Que le feu de Dieu vous carbonise!

(Dans le fracas du tonnerre, Jéhovah en personne apparaît au milieu des nuages.)

JEHOVAH

Mais je vais vous anéantir avec mes foudres!

LE SOLDAT DE L'ARMÉE ROUGE

Comme des enfants —
je vais le dire à maman!

(Le visage tordu par une grimace, le conciliateur se met à hurler en prévoyant l'épouvantable conflit.)

Oh! Là! Là!
Oh! Là! Là!
A moi!
Jéhovah en personne!
Je tremble!
Je défaille!
Je suis évanoui!

(Aux impurs :)

Ecoutez la voix de la raison!
Le cri de la conscience!
Conciliez-vous!
A qui attentez-vous ?
Au Créateur ?
Au Tout-Puissant ?

JEHOVAH
(*montre le poing au conciliateur*)

Si je n'étais pas infiniment bon,
Je te montrerais la conciliation!

LE FORGERON

Nous,
les ouvriers ?
Nous concilier avec Dieu ?
Tu ne l'emporteras pas au Paradis!

LE MÉCANICIEN
(*montrant Jéhovah qui brandit les foudres sans pouvoir s'en servir, craignant de frapper ses propres Mathusalems*)

Il faut lui arracher ses foudres!
C'est de bonne guerre.
Un coup du tonnerre!
Ça servira,
Au moins!
Pour l'électrification.

(*Ils arrachent ses foudres à Jéhovah.*)

JEHOVAH (*avec affliction*)

Me voilà dans le dénuement.
Pauvre comme Job!

MATHUSALEM

Et l'édification de la pratique ?
Plus d'arguments.
Il faut fermer boutique.

(*Les impurs démolissent le paradis et grimpent en emportant les éclairs.*)

LE FORGERON

L'aube flambe et illumine
Le lointain.
Ailleurs,
La table est mise...

(*Une fois arrivée au sommet de la montagne de débris, la couturière interrompt le forgeron.*)

Quand on a faim,
l'aurore, c'est maigre!

LA BLANCHISSEUSE (*avec lassitude*)

Nous brisons les nuages
Sans trêve ni repos.
Finiront-ils bientôt ?
Baignerons-nous
Nos membres las
Dans la splendeur
Des mois de mai ?

DES VOIX

Où allons-nous ?
On est blousés!
On nous a eus!
Recherchons-nous un autre enfer ?
Que faire d'autre ?
Plus on avance, plus le froid gagne,
l'effroi grandit.

(*Un temps.*)

Le ramoneur, à toi,
Va-t'en en éclaireur.

(*Les débris finissent par constituer le décor*

du tableau suivant. Le conciliateur, pensif, se sépare des impurs qui avancent toujours.)

LE CONCILIATEUR

Le paradis reste derrière,
L'enfer a disparu,
Ils marchent toujours...
Le chemin du retour est tentant.
Cette race angélique
A l'air assez sympa.
Saints ou pas saints,
Ils ont tous l'air un peu conciliés.
Si ça leur chante, qu'ils y aillent,
Moi, je vais retrouver Tolstoï.
C'est un chef!
Je ferai
De la non-résistance au mal!

(Il agite son mouchoir pour dire adieu aux impurs.)

(Rideau.)

CINQUIÈME ACTE

LE FORGERON

Alors ?
Tu cales ?
Avance!
Pas d'escales.

L'ALLUMEUR DE RÉVERBÈRES

Pas moyen!
Le chemin s'est fait pierre
Et montagne de débris.

LA COUTURIÈRE

En trois ans, que de casse.
(*Ils examinent les décombres.*)
Regardez, un bout d'arche.

LE SOLDAT DE L'ARMÉE ROUGE

La carcasse du Négus.

LE CORDONNIER

Un lambeau de paradis.

LE JOURNALIER

Un tesson d'enfer.

L'ALLUMEUR DE RÉVERBÈRES

Que faire ?
Impossible d'avancer
Et même de s'asseoir.

LE FORGERON

Que faire ? Que faire ?
Il faut déblayer.

LE JOURNALIER

Donc, inutile de ruminer,
Et d'y rester cent sept ans.
Camarades, on s'organise
Et on s'y met.

LE SOLDAT DE L'ARMÉE ROUGE
(*avec gravité*)

Il y a organisation et organisation.
Il faut d'abord
Tracer les perspectives d'action.
Il faut secouer l'organisation,
Eliminer les éléments (1)...

LE MINEUR (*mécontent*)

Histoire d'alimenter la conversation!
Secouer avant de s'en servir!...
Ce qu'il faut,
C'est des permanents responsables.

(1) *Allusion aux discussions syndicales de 1920-1921. Trotski, que l'on peut reconnaître ici sous les traits du « Soldat de l'Armée Rouge », était partisan de « secouer l'organisation » pour aboutir à un style de direction militaire dans des « Syndicats étatisés ». « Le groupe-tampon », dont faisait notamment partie Boukharine, cherchait à concilier Lénine et Trotski. La réplique de l'Esquimau est une allusion au groupement dit de « l'Opposition ouvrière ».*

LA BLANCHISSEUSE (*avec ardeur*)

En voilà une idée!
Il faut des tampons!
(*Vif échange de répliques entre les impurs.*)

L'ESQUIMAU

A mon avis,
C'est contraire à l'esprit du marxisme,
A son dogme et sa forme.
Mon programme est précis.
Je veux sauver la Russie ouvrière,
Briser les chaînes de la famine,
De la misère...

LE JOURNALIER (*désespéré*)

Les voilà partis!

LE FORGERON
(*essaie de séparer les impurs qui s'échauffent*)

Camarades,
arrêtez,
Nous ne sommes pas au syndicat.

LE MÉCANICIEN

Des tampons!
En plein dans le mille :
La blanchisseuse a des tampons (1)
Et les wagons sont immobiles.

LE FORGERON

Les discours tombent à seaux,
Il manque un parapluie.

(1) « *Boukharine a des tampons* » *dans le brouillon.*

Le panier est percé.
Assez de mots stériles! Assez d'éditoriaux!
Au travail!
En avant!
Arrêtez ce torrent inutile
De paroles dispersées à tout vent!
A la pelle!
A la pioche!

LE CHŒUR (*il déblaie les débris*)

Un coup de pelle.
Un coup de plus.
Pourquoi compter ?
Il faut piocher!

LE CONCILIATEUR
(*sort d'un nuage auquel est accroché un écriteau sur lequel on lit : « Berlin »*)

Ohé! Camarades.
Vos efforts sont vanité.
C'est fatal.
Ecoutez ma voix,
Mes avis sont précieux.
Du haut d'un paradis occidental,
Je vois tout.
Vous gaspillez vos forces
En vain.
Vous n'y gagnerez pas un radis.
On peut tout concilier...

LE FORGERON

Imbécile!
Planque ton citron,
Je pourrais jouer à marteau vole,
Ça ferait vilain.

LE CONCILIATEUR

Et hop!

(Il referme aussitôt son nuage.)

LE MINEUR

(lève sa pioche et reste figé)

Camarades!
Ecoutez!
Il y a un vivant
Coincé dans les décombres!
A la rescousse,
Creusons.

(Les coups redoublent de puissance, une locomotive et un bateau commencent à apparaître dans les nuages.)

LA LOCOMOTIVE

Ecoutez
Une locomotive qui se plaint!
Mes maux sont grands!
La coupe est pleine.
Mon foyer est éteint.
Apportez-moi du pain!
Le bon pain noir du Don.
A bouffer!
Donnez-moi du charbon!

LE MÉCANICIEN

Non!
Tu resteras en vie.
Amie, ne t'en fais pas.
Tu reverras la houille
Que nous arracherons
Au plus profond du sol,

Tu reprendras une voie
Ferrée à neuf!

LE BATEAU

A moi!
Je veux boire un coup!
Je veux m'abreuver
A la source des fleuves!
Mes flancs sont troués.
Donnez-moi du pétrole,
Du mazout de Bakou.

LE MINEUR

Alors, camarades ?
Vous restez bras croisés ?
Vous craignez de vous voir
Ecrasés et broyés ?
Suivez-moi!
Faisons jaillir le pétrole,
Remontons le charbon!

LE CHŒUR

Lève la pioche,
Plante la pelle,
Ouvrier de choc!
Manche de pic
Et fer de pioche,
Abattront le roc!

LA RUINE

Arrière!
Le son du marteau m'importune!
Qui ose me provoquer
dans mes terres souveraines ?
Je suis la reine ruine!
Je bouffe les locos
Et je croque les machines.

Un regard — la fabrique défaille,
Un souffle — et l'usine est par terre.
Je vais,
Léchant les rails tordus d'effroi
Et les ponts cèdent,
Les trains déraillent!
Les villes crèvent dans la faim
Et le froid les dévore,
Le froid meurtrit les champs
Et la faim les achève.
Arrière!
Je hais le travail acharné!
Arrière!
Je vous aurai par la famine,
Je vous étranglerai!
A moi, mes troupes dévouées :
A moi, feignants, paresseux, tire-au-flanc,
A moi, margoulins, mercantis, trafiquants!

(*Les « troupes » de la ruine viennent se ranger autour d'elle.*)

LE CHŒUR

Arrière!
Le bruit du marteau l'importune!
Arrière!
Cessez de narguer la ruine!

LA RUINE

A genoux devant la reine ruine!
Je vous aurai par la famine!

LE FORGERON

Assez! Il faut
Bénir la reine à coups de burin!
Aux armes!

LE MINEUR (*il marche sur la ruine*)

Luttez pour le charbon!

(*Il montre les spéculateurs.*)

Ceux-là, leur compte est bon!
Voyageurs trop chargés
Sur le toit des wagons!
Ils vont mettre la main à la pâte
Et la patte au turbin!

LE FORGERON

Coincez les trafiquants.
A bas les cossards!
Tous au travail!
Sans répit ni vacances!

(*Les impurs avancent et les « troupes » reculent.*)

LE MINEUR (*il arrive près de la ruine*)

Plier sous le joug de la ruine ?
Camarades!
Taillons le front des mines,
Ce sont nos tranchées!

LE JOURNALIER

Creusons les boyaux et les sapes des sillons!

LE JOURNALIER ET LE MINEUR

Nos armes —
Le pain! le charbon!

LE FORGERON

(*Il termine son discours juché sur le corps de la ruine.*)

Hourra!
Ils détalent!
La ruine se rend!
Encore un coup ultime!
Elle capitule!...
C'est fini!
En bas!
L'entrée de l'avenir est à nous.

(*Il montre l'entrée du puits de mine.*)

Par là.
Taille après taille,
Pelle après pelle!
Chantez :
« C'est la lutte finale... »

(*Le chant s'éteint à mesure qu'ils disparaissent les uns après les autres dans les profondeurs de la mine.*)

LE MINEUR

(*il amène un wagonnet de charbon*)

Voilà!
De la part de Moscou.

LA LOCOMOTIVE

Merci beaucoup.
Maintenant, on répare.
Placez le vérin.

LE MÉCANICIEN

(*il amène un baril de pétrole*)

Un hommage de Bakou.

LE BATEAU

Merci. Le trou est bouché.

LE MINEUR
(*avec un nouveau chargement*)

Un cadeau du Donetz.

LA LOCOMOTIVE

Merci. J'allume le foyer.

LE MÉCANICIEN

Encore un tonneau.

LE BATEAU

Entonnons.
Le diesel va tourner.

LE MÉCANICIEN (*nouveau tonneau*)

En voilà un de plus.

LE MINEUR
(*avec un nouveau chargement*)

De la part de l'Oural.

LE BATEAU ET LA LOCOMOTIVE

Hourra!
La machine a des ailes.

LA LOCOMOTIVE

Je me sens une vigueur!

LE BATEAU

Je m'en vais naviguer.

(*Les impurs apparaissent à la surface des puits de mine et se précipitent les uns vers les autres.*)

LE MÉCANICIEN

J'allais te voir.

LE MINEUR

Et moi aussi.

LE FORGERON

Je venais vous trouver.

LA BLANCHISSEUSE

Moi, j'allais vous chercher.

LE SOLDAT DE L'ARMÉE ROUGE

Extraordinaire!

LA COUTURIÈRE

Incroyable!

L'ESQUIMAU

Une nouvelle fantastique!

LE MINEUR

Là-bas,
derrière le dernier derrick...

LE MINEUR ET LE MÉCANICIEN

Il y a quelque chose.

LE MINEUR

Je donnais un dernier coup de pic...

LE MÉCANICIEN

Je roulais devant moi le dernier tonneau...

LE MINEUR

Et j'entends, loin, loin...

LE MÉCANICIEN

Et je vois, loin, très loin,
Se dessiner dans le lointain...

LE MINEUR

J'entends chanter,
Siffler les trains
Et souffler les usines...

LE MÉCANICIEN

... comme une aube,
Comme une lueur de soleil du matin,
L'aurore d'une ville.

LE SOLDAT DE L'ARMÉE ROUGE

Cette fois-ci,
Je crois que nous sommes les maîtres,
Je crois que nous sommes au bord,
A la porte
Du vrai paradis.

LA LOCOMOTIVE

Locomotive prête.
La vapeur fuse.

LE BATEAU

Bateau paré.
La coque vibre.

LE MÉCANICIEN

Montez.
Partons vers l'avenir,
A bride abattue.

LE SOLDAT DE L'ARMÉE ROUGE
(*il monte sur la locomotive, suivi par les autres*)

A toi, chauffeur,
A toi l'honneur,
Les feux sont verts,
La voie ouverte.
En avant, sur les rails!
En avant, sur la mer!
Le labeur t'a bâtie,
Le travail t'a conquise,
Maison du futur,
Pleine de joie,
De bonheur.
Bouffez l'espace
En respirant
Au rythme du moteur.
Seul le moteur
Ouvre ce qui sera.
Pelle après pelle!
Pas après pas!

LE CHŒUR (*reprenant*)

En avant!
Au rythme du moteur!

(*Rideau.*)

SIXIÈME ACTE

C'est la terre promise. Le fond de la scène est occupé par une immense porte. Dans les coins, on voit, faiblement tracées, les rues et les places appartenant à des localités terrestres. Des arcs-en-ciel fantastiques, des toits et des fleurs immenses dépassent le niveau de la porte. Le premier de cordée, arrivé au pied de la porte, appelle, très ému, les impurs qui grimpent.

LE MINEUR

Camarades!
Arrivez!
La tête de pont est faite.

(*Les impurs arrivent et regardent la porte avec un étonnement extrême.*)

LE MINEUR

Ça, alors!
En voilà des merveilles!

LE CHARPENTIER

Mais c'est Ivanovo!
Cette bonne vieille ville!
Rien de nouveau sous le soleil.

LE DOMESTIQUE

Peut-on en croire des vagabonds ?

LE FORGERON

Ivanovo ?
Du tout,
C'est Marseille.
Parole d'homme!

LE CORDONNIER

Pour moi,
C'est Rostov sur le Don.

LE CHAUFFEUR

Pas le moins du monde.
C'est Manchester.

LE MÉCANICIEN

Manchester, dis.
Quand vous aurez fini
de parler en l'air!...
C'est Moscou.
Vous n'y voyez plus clair ?
Regardez, c'est la Sadovaïa,
la Tverskaïa,
le Théâtre de la RSFSR (1).

LE JOURNALIER

Moscou, Rostov ou Manchester,
l'essentiel n'est pas là,
Nous sommes de nouveau sur la terre,
la boucle est bouclée.

(1) *Le Mistère-Bouffe a été monté par le théâtre de la RSFSR en 1921. La première eut lieu le 1er mai.*

TOUS

Ce qu'elle est ronde,
cette garce de boule,
Ce qu'elle est ronde!

LA BLANCHISSEUSE

C'est peut-être elle,
Mais où est la puanteur des ordures ?

LE DOMESTIQUE

Il flotte dans l'air
comme une senteur de pêches.

LE CORDONNIER

Des pêches ?
A Rostov ?
Et puis, on dirait l'automne.

(*Ils lèvent les yeux et l'arc-en-ciel les aveugle.*)

LE SOLDAT DE L'ARMÉE ROUGE

Allez, l'allumeur,
prends ton échelle,
pars en reconnaissance.

L'ALLUMEUR DE RÉVERBÈRES
(*monte sur son échelle et s'arrête, stupéfait,
arrivant tout juste à balbutier*)

Ce qu'on est cloches!
Ce qu'on est cloches, quand même.

LE SOLDAT DE L'ARMÉE ROUGE

Raconte!
On dirait une poule devant un couteau!
Vas-tu parler ?
T'as plus de langue ?

L'ALLUMEUR

Je ne peux pas!
J'en perds la boule!
Donnez-moi une langue de cent pieds,
de cent lieues,
plus claire et plus pure
qu'un rayon de soleil,
ni chiffe molle, ni torchon,
mais chant de lyre et de violon,
les joailliers l'ébranleraient,
les rossignols chanteraient son message...
Et puis même!
C'est impossible à raconter!
Les bâtiments de cent étages
couvrent la terre dans tous les sens
et les ponts dansent leur ballet
sous les nuages.
Au pied des maisons, —
des montagnes de vivres
et des monceaux de choses.
Des files de trains, fils de lumière,
fuient sur les ponts!

EN CHŒUR

Comme des fils ?

L'ALLUMEUR

Oui, des fils!
Des lampes électriques
roulent des yeux aveuglants,
rayonnant des millions de chevaux!
La terre scintille et luit!

EN CHŒUR

Elle scintille ?

L'ALLUMEUR

Oui, elle luit!

LE SOLDAT DE L'ARMÉE ROUGE

C'est notre travail.
C'est obligé.
Qu'y a-t-il d'étonnant ?

LE MÉCANICIEN

Bien sûr, c'est nous qui l'avons fait,
mais j'ai du mal à croire
que le travail
engendre ce prodige.

LE JOURNALIER

Sornettes! Balivernes!
Quel mystificateur!
A-t-on jamais vu dans la vie
tirer des figues d'un acacia ?

L'ALLUMEUR

Cessez de glapir!
C'est —
l'électrification!

EN CHŒUR

L'électrification (1) ?

L'ALLUMEUR

Oui.
L'électrification.
Des fiches sont plantées
dans des prises à trois pieds.

(1) *A l'ordre du jour du VIIIe Congrès des Soviets, décembre 1920.*

LE MÉCANICIEN

Quelle merveille!
Aucun savant n'en croirait ses oreilles!

L'ALLUMEUR

Je vois un tracteur électrique!
Une semeuse électrique!
Une batteuse électrique!
Une seconde plus tard,
le pain est là,
tout prêt, tout cuit.

LE BOULANGER

Les patrons à gueule de dogue
et leurs poupées bien bichonnées,
Les vois-tu pas ?
Vont-ils dans les rues ?
Sur les trottoirs qu'ils défigurent ?

L'ALLUMEUR

Non,
On ne voit personne.
Rien aperçu de ce genre.
Un pain de sucre!
Deux autres!

LA COUTURIÈRE

Du sucre ?
T'entends ?
Que faire ?
Depuis ce déluge
tous mes tickets sont périmés,
c'est sûr.

EN CHŒUR

Tu peux pas nous donner
un peu plus de détails ?

L'ALLUMEUR

On voit déambuler
des mangeailles, des objets,
avec des pieds, des mains.
Les drapeaux claquent sur les fabriques.
Sur toutes les lieues
que voient mes yeux
il y a des machines,
des établis, des tours
figés dans l'immobilité
parmi les fleurs.

LES IMPURS (*avec inquiétude*)

Figés ?
Dans l'immobilité ?
Et nous,
nous faisons des concours
de baratin à roulettes ?
La pluie peut tomber,
abîmer les machines!
Criez!
Ohé!
Qui est là ?

L'ALLUMEUR (*dégringole de son échelle*)

Elles viennent!

TOUS

Qui ça ?

L'ALLUMEUR

Les choses viennent.

La porte s'ouvre à deux battants, découvrant la ville. Une ville extraordinaire! Des appartements et des usines immenses et transparents montent à l'assaut du ciel. On voit des files de trains, de tramways et de voitures arrêtés et fleuris par des guirlandes d'arcs-en-ciel. Au milieu, il y a un jardin de lune et d'étoiles, couronné par une gloire solaire. Les meilleures choses sortent des vitrines et se dirigent vers la porte avec le pain et le sel (1). *La faucille et le marteau sont en tête. On entend un murmure dans les rangs des impurs qui se font tout petits.*

LES IMPURS

Oh! Là! Là!

LES CHOSES

Ha! Ha! Ha! Ha!

LE JOURNALIER

Qui êtes-vous ?
A qui ?

LES CHOSES

Comment ça, à qui ?

LES IMPURS

Comment s'appelle votre patron ?

LES CHOSES

Ici, pas de patron.
Nous ne sommes à personne.

(1) *Allusion à une coutume populaire. Lors de leur arrivée, les notables étaient accueillis aux portes de la ville, dont les représentants offraient le pain et le sel sur un plateau.*

Nous sommes des délégués.
Bienvenue!
La république vous reçoit.
Armés de son blason,
Marteau, faucille,
Nous venons là
Vous accueillir.

LE JOURNALIER

Et le pain ?
Le sel ?
Le pain de sucre ?
C'est pour qui ?
Vous accueillez un gouverneur ?

LES CHOSES

Non, c'est vous,
C'est pour vous,
entièrement.

LA BLANCHISSEUSE

Assez de boniments.
Nous ne sommes pas des gosses.
Sans doute, on doit vous vendre,
sous le manteau.
Sans doute,
spéculateurs et trafiquants sont là,
cachés derrière l'appât.

LES CHOSES

Il n'y en a pas.
Regardez!

LE DOMESTIQUE

J'y suis!
On doit vous empiler
Au Comité Alimentaire

et le compte-gouttes vous répartit,
la semaine des quatre jeudis.

LES CHOSES

Personne ne nous stocke,
prenez-nous par quintaux,
si le cœur vous en dit.

LE PÊCHEUR

Nous dormons debout.
C'est sans doute un rêve.

LA COUTURIÈRE

Une fois,
à l'Opéra,
au dernier rang du poulailler,
j'ai vu la *Traviata.*
Sur la scène, il y avait bal,
souper.
A la sortie,
la vie m'a semblé si amère :
pluie.
Gadoue.

LES CHOSES

Maintenant, tout est à vous.
C'est la terre.

LE FORGERON

Arrêtez vos histoires!
La terre — ça ?
La terre est boue.
La terre est nuit.
Sur la terre, on travaille, on sue et on crève,
pendant que les gavés font main basse sur tout.

LA BLANCHISSEUSE (*au pain*)

Il nous invite,
puis nous mordra,
sans doute.
Les 100 000 roubles qu'il doit coûter
mordront comme 100 000 dents.

LE MÉCANICIEN
(*en voyant approcher les machines*)

Tu parles!...
Regardez-la tourner autour!
Avec sa démarche chafouine.
Estropiés par les machines,
les tours nous ont trop fait saigner!
Avoir une dent contre l'ouvrier
est votre seul souci.

LES MACHINES

Ouvrier, pardon!
Pardon, ouvrier!
Vous nous avez forgées,
fondues,
montées.
On nous a aliénées,
asservies
et vendues.
Tourne, moteur, tourne, rotor,
vire, acier,
tourne, acier,
vire et tourne sans t'arrêter.
On nous a ordonné
de balader sur pneus ballons
la bedaine des bourgeois boudinés,
de les servir dans l'atelier.

Les roues, les dents
vous ont rompus,
et les volants
vous ont brisés
au long des temps.
Clamez, moteurs,
toute notre joie.
Les gavés abattus,
je suis libre à présent!
Vrombissez dans l'usine,
actionnez les machines,
faites la ronde,
wagons.
Grâce à nous,
l'univers valsera,
votre nuit
sera faite de lumières,
ouvriers!

LES CHOSES

Et nous, instruments et outils!
Pinces, marteaux, aiguilles, scies!
Dans l'aube jaune et famélique,
en fléchissant sous notre poids,
déjà tu gagnais ta fabrique.
La clique des patrons aux abois
s'est fait débarquer. Maintenant
tout sera raboté, martelé
pour toi.
Nous nous rendons à ta merci,
à toi,
que notre joug écartelait.
Au sein du nouveau paradis,
saisis, joyeux, la scie docile!

LES NOURRITURES

Nous sommes choses, boissons et vivres,
Nous vous causons des maux sans fin.
Sans pain, pas de pouvoir humain.
Sans sucre, où est la joie humaine ?
Nées à la sueur de votre front,
Nous devenions croquemitaines,
chiens renfrognés dans les vitrines
vous dévorant à beaux deniers,
Aboyant des prix dévalués.
Fortunée et repue, la vermine
S'est retrouvée dans le fossé.
Farine et sucre sont libérés.
Ce qu'autrefois vous dévoriez
des yeux, prenez-le et mangez.

CHŒUR DES MACHINES, CHOSES ET NOURRITURES

Prenez ce qui est vôtre,
Prenez!
Venez!
Les outils du labeur,
le vin, le blé,
Venez! Prenez!
Viens, vainqueur!

LES IMPURS

Il faut sans doute présenter des bons,
des papiers.
Nous n'en avons pas.
Nous venons droit du paradis,
et, avant ça, de l'enfer.

LES CHOSES

Mais non,
pas de paperasses.

LE JOURNALIER

Ecoutez. les copains,
on peut bien faire un pas.
Le seul qui coûte,
Pourquoi pas ?

(*Les impurs avancent.*)

LE JOURNALIER

La terre!
C'est elle!
Notre bonne terre!

TOUS

Ah! Pouvoir chanter!
Hurler!
Prier!

LE BOULANGER (*au charpentier*)

Le sucre,
je l'ai léché.

LE CHARPENTIER

Alors ?

LE BOULANGER

Il est sucré, vraiment sucré.

PLUSIEURS VOIX

On va nager dans l'allégresse!

LE JOURNALIER (*grisé*)

Camarades choses,
je veux vous dire...
Nous avons trop tenté le destin!
C'est terminé.

Si vous voulez, nous vous faisons,
nourrissez-nous.
Si un patron arrive, on l'exterminera.
Ça va gazer ?

TOUS ENSEMBLE

Ça gazera!
Ça gazera!

LE SPÉCULATEUR
(*indigné, se fraye un passage dans la foule et sort au premier rang*)

Vous y allez un peu fort!
Faut savoir s'arrêter!
Cédez un pouce au concessionnaire (1)!

LE FORGERON

Décampe!
Ton travail est fini.
Tu t'es taillé ton bifteck.
On a voulu
Assimiler ton expérience,
utiliser tes connaissances,
Maintenant,
rien ne va plus!

(*Le spéculateur est vigoureusement expulsé. Les impurs regardent avidement les choses.*)

LE JOURNALIER

Je prendrais bien la scie
Jeune comme je suis,
je me rouille.

(1) *Le sort des concessions étrangères était également débattu au VIIIe Congrès des Soviets.*

LA SCIE

Prends!

LA COUTURIÈRE

Et moi — l'aiguille.

LE FORGERON

Ma main me démange — un marteau!

LE MARTEAU

Prends!
Ménage-moi!

(*Les impurs, les choses et les machines forment un cercle autour du jardin solaire.*)

LE MÉCANICIEN
(*s'adressant aux machines*)

Je vous mettrais bien en mouvement...
Happerez-vous les bras, les jambes ?

LES MACHINES

Ne t'en fais pas!
Prends les commandes!

(*Le mécanicien abaisse un levier. Des boules lumineuses s'allument. Des roues se mettent à tourner. Les impurs écarquillent les yeux avec une stupéfaction admirative.*)

LE MÉCANICIEN

Je n'ai jamais vu faire si jour!
Mais ce n'est pas la terre, —
c'est une comète avec une queue de trains luisants.
Que faisons-nous,
beuglant comme des bœufs sous le joug ?
On attendait,
on patientait

durant des ans
et des années,
frôlant sans cesse,
sans la remarquer,
cette merveille!
Bon Dieu! A quoi bon les musées ?
Partout on ne voit que trésors!
Est-ce là du ciel ou du coton ?
Si cela est œuvre de nos mains,
Nous franchirons tous les obstacles!
Architectes de l'univers,
décorateurs des astres,
Nous sommes faiseurs de miracles.
Nous lierons les rayons du soleil
en faisceaux de balais
pour décrasser les nuages du ciel
à l'électricité!
Les fleuves du monde couleront en miel,
La rue sera pavée d'étoiles.
Creuse!
Pioche!
Scie!
Perfore!
Hourra à tout!
Hourra à tous!
Cette porte, aujourd'hui postiche,
ouvrira demain sur le réel.
Nous le savons!
Nous y croyons!
Spectateurs, sur la scène!
Venez, — décorateur!
Poète!
Metteur en scène!

(*Toute la salle monte sur la scène.*)

TOUS

Zélateurs du soleil dans son temple,
Faisons-le retentir de nos chants.
Formez chorale!
Les psaumes du futur, en avant!

(*Sortant on ne sait d'où, le conciliateur regarde la commune avec étonnement. Comprenant enfin de quoi il retourne, il enlève poliment son chapeau.*)

LE CONCILIATEUR

Un homme de ma trempe ?
Au paradis ?
Les occupants de ce taudis apostolique
me scient.
Le socialisme est inéluctable,
Je l'ai toujours dit.

(*Aux impurs* :)

Camarades, pas de charivari,
dans tous les cas,
une cantate se concilie.

(*Il recule et dirige gracieusement le chœur. Le forgeron l'écarte poliment.*)

LES IMPURS (*chantant*)

Le peuple immense des prolétaires
A triomphé de sa prison!
Il n'y a plus d'esclaves sur terre,
Le monde retrouve sa raison.
Voilà le joug de l'esclavage
Brisé en miettes sous nos coups!

La Commune règne sans partage.
Sa porte est grande ouverte à tous!

Notre marche triomphale
Aujourd'hui comme demain,
L'Internationale
Reste le genre humain!

Sans croire à un sauveur suprême,
Au diable, à Dieu ou à ses saints,
Nous avons pris les armes nous-mêmes —
Le pouvoir tombe entre nos mains!
A présent, la terre est une,
Dansez dans la joie, ouvriers,
Nous avons forgé la Commune,
Qu'on vienne seulement nous défier!

Notre marche triomphale
Aujourd'hui comme demain,
L'Internationale
Reste le genre humain!

Le monde a changé de base,
Le bourgeois lâche son butin.
Du passé faisant table rase,
Tout l'univers nous appartient!
Quittez campagnes et usines,
La Commune s'établit partout,
Venez des champs, sortez des mines,
Nous n'étions rien, nous sommes tout!

Notre marche triomphale
Aujourd'hui comme demain,
L'Internationale
Reste le genre humain!

(*Rideau.*)

LA GRANDE LESSIVE

Drame (1) en six actes
avec cirque et feu d'artifice
1929-1930

(1) Question : *Pourquoi avez-vous appelé « drame » votre pièce ?*
Réponse : « *Premièrement, pour faire plus drôle, deuxièmement, les bureaucrates seraient-ils devenus rares ? et le drame de notre pays n'est-il pas dans leur nombre ?* » (*Maïakovski*).

Qu'est-ce que *La Grande Lessive* et qui y lave-t-on ?

La Grande Lessive *est « un drame en six actes, avec cirque et feu d'artifice ».*

La Grande Lessive *est destinée à laver, à lessiver les bureaucrates.*

La Grande Lessive *est une pièce engagée, elle ne comporte donc pas d' « hommes en chair et en os », mais des tendances personnifiées.*

Rendre vivantes la propagande, l'éducation politique, la « tendance », voilà le sens du théâtre actuel et la difficulté qu'il doit résoudre.

Les gens de la scène se sont habitués aux « rôles » (le comique, l'ingénue, que sais-je), aux « types » (« 33 ans, barbu », ou « un grand brun, qui, à la fin du troisième acte, part pour Voronej et se marie »). Ce poncif ossifié, ajouté au ton prosaïque de la conversation quotidienne, détermine l'archaïque horreur où vit le théâtre actuel.

Le théâtre a oublié qu'il était spectacle.

Nous ne savons pas utiliser ce spectacle aux fins de notre propagande.

Rendre au théâtre sa richesse extérieure, transformer les planches en tribune – ces tentatives expriment le sens de mon travail théâtral.

Voici en gros les péripéties du drame :

1° L'inventeur Tchoudakov invente une machine du temps capable d'effectuer un voyage aller et retour dans le futur.

2° L'invention n'arrive pas à franchir les chevaux de frise administratifs, le principal de ces chevaux étant le camarade Pobedonossikov, dirdécor – directeur principal du service des coordinations.

3° Le camarade Pobedonossikov (1) *se rend en personne au théâtre, contemple sa propre personne et affirme que rien ne se passe ainsi dans la vie.*

4° Une femme phosphorescente, mandatée pour opérer la sélection des meilleurs et leur transfert dans le siècle futur, arrive dans la machine du temps, venant en droite ligne de l'avenir.

5° Pobedonossikov, ravi, prépare à son nom titres de transport et attestations, calcule ses quotidiennes indemnités de déplacement pour une moyenne de cent années.

6° La machine du temps disparaît au rythme de ses pas quinquennaux géants, emportant ouvriers et travailleurs, crachant Pobedonossikov et ses semblables.

(Publié dans l'hebdomadaire Ogoniok, *1929, et suivi par le finale du sixième acte.)*

La Grande Lessive *est un drame en six actes avec cirque et feu d'artifice.*

Son idée scénique est la lutte pour la propagande par le théâtre, pour l'éducation par le théâtre, contre les pièces de salon et les raffinements psychologiques.

(1) *Ce nom aux sonorités comiques évoque un personnage historique : K. P. Pobedonostzev, procureur du Saint-Synode, incarnation du bureaucrate dans la vieille Russie du* XIX*e*.

Son idée politique est la lutte contre l'étroitesse d'esprit, le dirigisme apolitique, le bureaucratisme, pour l'héroïsme, l'esprit offensif, les perspectives socialistes.

En ce qui concerne le développement de l'action, il s'agit de la lutte entre l'inventeur Tchoudakov et le dirdécor – directeur principal du service des coordinations – Pobedonossikov.

(Publié en 1929 dans la revue L'amateur radiophonique.*)*

PERSONNAGES

Le camarade POBEDONOSSIKOV, directeur principal du service des coordinations, « dirdécor ».
POLIA, sa femme.
Le camarade OPTIMISTENKO, son secrétaire.
Isaac BELVEDONSKI, portraitiste, paysagiste, naturaliste.
Le camarade MOMENTALNIKOV, reporter.
Mister PONT KITCH, étranger.
La camarade UNDERTON, dactylo.
NOTCHKINE, dilapidateur de fonds publics.
Le camarade VELOSSIPEDKINE, de la cavalerie légère.
Le camarade TCHOUDAKOV, inventeur.
Madame MESALLIANSSOVA, collaboratrice du VOKS.
Le camarade FOSKINE
Le camarade DVOÏKINE } ouvriers.
Le camarade TROÏKINE
Solliciteurs.
Le gérant.
Le metteur en scène.
Ivan Ivanovitch.
La masse des fonctionnaires.
Un milicien.
Un contrôleur de billets.
La femme phosphorescente.

PREMIER ACTE

Une table côté cour et une autre côté jardin. Des plans tapissent les murs et jonchent le sol. Au milieu de la scène, le camarade Foskine manipule une lampe à souder allumée. Tchoudakov vérifie une série d'ampoules électriques, un schéma à la main.

VELOSSIPEDKINE (*qui entre en courant*)

Alors, cette garce de Volga tombe toujours dans la mer Caspienne ?

TCHOUDAKOV

Elle n'en a plus pour longtemps. Vous pouvez vendre vos montres ou les mettre au clou.

VELOSSIPEDKINE

Je n'en ai pas encore acheté, moi. Quelle chance!

TCHOUDAKOV

N'en achète pas! En aucun cas! Cette mécanique stupide et plate sera bientôt d'un effet aussi comique qu'une chandelle devant le Dnieprostroï et plus impuissante qu'un taureau dans un dépôt des Ponts et Chaussées.

VELOSSIPEDKINE

Alors, la Suisse est refaite ?

TCHOUDAKOV

Cesse d'additionner vulgairement le quotidien sur ta caisse enregistreuse politique! Mon idée est tout simplement grandiose! La Volga du temps humain, où nous étions jetés jusqu'à présent par notre naissance pour partir à la dérive, balottés par les vagues, cette Volga-là nous est soumise! Selon mon bon plaisir, le temps arrêtera son cours ou fuira dans la direction désignée à la vitesse voulue. Les hommes pourront quitter les jours comme un tram ou un autobus. Ma machine te permettra d'immobiliser un instant de bonheur et de t'en saouler tant que tu en auras envie. Ma machine dispersera les années de misère et de malheur qui s'étirent sans fin, aussi facilement qu'un tourbillon de poussière, et le soleil les balayera en te frôlant cent fois par minute comme un obus sans dommages ni blessures, si tu prends la précaution de rentrer la tête dans les épaules.

Vois donc, l'imagination volcanique de Wells, le cerveau futuriste d'Einstein, l'hibernation zoologique des ours et des yogas, cette machine presse, comprime et condense tout!

VELOSSIPEDKINE

Je ne comprends presque rien et je suis certain de ne rien voir du tout.

TCHOUDAKOV

Mets donc des lunettes! Tu es aveuglé par l'éclat du chrome et du cristal, par les rayons qui s'entrecroisent. Tu vois ? Tu vois ?

VELOSSIPEDKINE

Bon, je vois...

TCHOUDAKOV

Regarde, as-tu repéré ces deux règles graduées, une horizontale et une verticale, comme dans une balance ? Les vois-tu ?

VELOSSIPEDKINE

Bon, je vois...

TCHOUDAKOV

Ces règles servent à mesurer le volume d'espace nécessaire. Vois-tu cette roue manométrique ?

VELOSSIPEDKINE

Bon, je vois...

TCHOUDAKOV

C'est une clef pour isoler l'espace intégré qui devient ainsi indépendant de tous les courants d'attraction terrestres; quant à ces étranges petits leviers, ils te permettent de déterminer la vitesse et la direction du temps.

VELOSSIPEDKINE

Je comprends! C'est formidable! C'est extraordinaire!!! Alors, par exemple, si un congrès se réunissait chez nous pour étudier les problèmes posés par la suppression des problèmes en cours et si on donnait la parole au camarade Kogan, comme il va de soi, pour transmettre le salut de l'académie d'Etat des beaux-arts scientifiques, dès ses premiers mots : « Camarades, à travers les tentacules de l'impérialisme mondial monte, comme un fil rouge, le flot des... », je pourrais l'isoler du bureau de séance tout en mettant le temps en marche à une vitesse de cent cinquante minutes en un quart d'heure. Il pourrait toujours saluer et suer, suer et saluer pendant une heure et demie sous les yeux du public. L'académicien vient à peine d'ouvrir la bouche qu'il est déjà salué par des applaudissements frénétiques. On pousse un soupir de soulagement et, le derrière bien frais, on s'en va au travail. C'est bien ça ?

TCHOUDAKOV

C'est dégoûtant! Que vient faire ce Kogan dans tout ça ? Je t'explique qu'il s'agit d'un problème à l'échelle de la relativité cosmique; le temps cesse d'être défini comme substance métaphysique; de noumène, il devient réalité, soumis au déterminisme physicochimique.

VELOSSIPEDKINE

C'est bien ce que je dis! Construis-toi une station scientifique bien matérielle avec tous les déterminismes physiques et chimiques; nous allons y brancher tous les centres avicoles, par exemple, et obtenir en quinze minutes des poules de dix kilos; après quoi, une fiche sous l'aile, le temps débranché, elles attendront tranquillement d'être rôties et digérées.

TCHOUDAKOV

Quelles stations avicoles, quelles poules ? Je te...

VELOSSIPEDKINE

Bon, bon, tu peux t'occuper d'éléphants ou de girafes, si l'idée seule de la volaille est une atteinte à ta dignité. Nous, on se charge d'adapter tout ça à de vulgaires poussins...

TCHOUDAKOV

Quelle médiocrité! Tu me feras bientôt devenir poule moi-même, avec ton matérialisme sordide. J'aspire à prendre mon vol et tu m'arraches aussitôt mes plumes!

VELOSSIPEDKINE

Allons, allons, ne t'excite pas! Même si je t'ai arraché une plume au passage, il ne faut pas m'en vouloir, je te la remettrai en place. Envole-toi, plane, invente, nous ne voulons pas brider ton enthousiasme, mais le stimuler. Ne fais donc pas la tête, mon gars, tourne la manivelle, mets-la en marche, ta machine. Tu as besoin d'un coup de main ?

TCHOUDAKOV

Attention! Un petit mouvement de la roue, et le temps, libéré, comprimera et modifiera l'espace enfermé dans la cage des isolateurs. En ce moment, j'enlève le pain de la bouche aux prophètes, devins et diseuses de bonne aventure du monde entier.

VELOSSIPEDKINE

Attends, Tchoudakov, si je m'y mettais ? Dans cinq minutes, peut-être, le membre du Komsomol que je suis sera transformé en un Marx barbu. Ou bien, non, je serai un vieux bolchevik, membre du parti depuis trois cents ans. Toutes tes histoires seraient réglées en un clin d'œil.

TCHOUDAKOV
(*le tirant en arrière avec effroi*)

Attention, malheureux! Si cet espace devait être occupé par l'armature d'acier d'un futur métro souterrain, ton petit corps frêle, pris dans la masse de l'acier, serait immédiatement transformé en poudre dentifrice. Les wagons futurs dérailleront peut-être et notre cave sera écrasée comme une coquille de noix par un tremblement de temps sensationnel. Il est dangereux de s'y aventurer pour l'instant, il faut attendre ceux qui en viennent. Je démarre en douceur : cinq ans par minute, pas plus...

FOSKINE

Un instant, camarade. De toute façon, tu vas la faire tourner, ta machine. Laisse-moi mettre une obligation d'Etat dedans; dans cinq minutes, je gagnerai peut-être cent mille roubles par tirage au sort, je ne veux pas le lâcher, ce papier, il doit certainement être gagnant.

VELOSSIPEDKINE

Gros malin! Il faudrait y fourrer tout le Commissariat aux Finances, sinon, même si ton billet gagne, ils ne le croiront pas et demanderont à voir la liste.

TCHOUDAKOV

Allons, bon! Je vous fraye la voie vers l'avenir et vous ne voyez que les roubles... Vous n'êtes que des matérialistes historiques!...

FOSKINE

Ne sois pas pénible, c'est pour toi que je veux gagner. Tu as de l'argent pour réaliser ton expérience ?

TCHOUDAKOV

Oui... De l'argent ?

VELOSSIPEDKINE

De l'argent ?

(On frappe à la porte. Entrent Ivan Ivanovitch, Pont Kitch, Mesallianssova et Momentalnikov.)

MESALLIANSOVA *(à Tchoudakov)*

Do you speak english ? Ah! parlez-vous français ? *Sprechen Sie deutsch*, enfin ? Je m'en doutais! C'est vraiment très fatigant. Tout le temps cette *translation* de notre langue en langage ouvrier et paysan. Monsieur Ivan Ivanovitch, le camarade Ivan Ivanovitch! Vous connaissez Ivan Ivanovitch, bien sûr ?

IVAN IVANOVITCH

Bonjour, bonjour, cher camarade. Ne soyez donc pas timide. Je fais la démonstration des réalisations du socialisme, comme se plaît à le dire Maxime (1). Il m'arrive parfois à moi-même, mais, vous comprenez, ces tâches militantes... Un Edison rouge, un copain, ça nous manque terriblement, aux ouvriers et paysans. Bien sûr, ça s'explique par la crise de croissance, les petits défauts du mécanisme. On ne fait pas d'omelette sans casser les œufs... Encore un effort et on n'en parlera plus. Vous avez le téléphone ? Vous n'avez pas le téléphone! Non, je le dirai au camarade Nicolas (2), il ne saurait le refuser. S'il refuse, on peut trouver le camarade Vladimir lui-même, il est très compréhensif. D'ailleurs, le

(1) *Il s'agit de Gorki, qui éditait une revue appelée* Nos réalisations.

(2) *Prénom de N. A. Semachko, Commissaire du Peuple à la Santé Publique à l'époque où Maïakovski écrivait* La Grande Lessive.

camarade Simon lui-même ne cesse de me répéter : « Les ouvriers et paysans ont terriblement besoin d'un Edison rouge, d'un copain. » Camarade Momentalnikov, il faut lancer une vaste campagne.

MOMENTALNIKOV

Monseigneur, commandez!
Un petit rien nous suffit.
Vous donnez la consigne,
Vous faites un petit signe,
Et voilà, tout est prêt (1)!

MESALLIANSSOVA

Monsieur Momentalnikov, le camarade Momentalnikov! Un collaborateur! Un compagnon de route! Le pouvoir soviétique arrive, il s'y rallie! Nous passons, il nous suit! S'ils arrivent, il partira!

MOMENTALNIKOV

C'est exact, absolument exact, un collaborateur! Collaborateur de la presse pré-révolutionnaire et post-révolutionnaire. Mais celle de la révolution est restée entre les deux, je ne sais trop comment. Vous savez, les blancs, les rouges, les verts, la Crimée, la clandestinité... J'ai dû me caser dans une boutique; elle n'était pas à moi, mais à mon père, ou, tout simplement, à mon oncle. Quant à moi, je suis ouvrier de cœur. J'ai toujours dit qu'il valait mieux mourir à l'ombre du drapeau rouge qu'à l'ombre d'un pont. Ce mot d'ordre pourrait rassembler une quantité importante d'intellectuels de mon genre. Monseigneur, commandez! Un petit rien nous suffit!

(1) *Paraphrase d'un opéra-comique,* La Camorra, *de E. Esposito.*

PONT KITCH

Hum! Hum!

MESALLIANSSOVA

Pardon! Excusez-moi! Mister Pont Kitch, monsieur Pont Kitch! C'est un Anglo-Saxon britannique.

IVAN IVANOVITCH

Vous avez été en Angleterre? Ah! moi aussi j'ai été en Angleterre!... On voit des Anglais partout... J'ai justement acheté une casquette à Liverpool et visité la maison qu'Antidhüring (1) a habitée. C'est extrêmement intéressant! Il faut lancer une vaste campagne.

MESALLIANSSOVA

Mister Pont Kitch est un philatéliste connu, connu aussi bien à Londres qu'à la City. Il est philatéliste (en russe, ça veut dire qu'il collectionne les timbres-poste) et s'intéresse énormément aux usines de produits chimiques, à l'aviation et à l'art en général. Il est très, très cultivé et très sociable. C'est même un mécène; mécène, en russe, ça veut dire... je ne trouve pas la traduction, enfin... il soutient les acteurs de cinéma et les inventeurs... Quelque chose comme le Commissariat aux Arts, mais à l'envers... *You understand ?* Il a déjà regardé le panorama de Moscou du haut de l'immeuble des Izvestia (*Nachrichten*), il a rencontré (2) le camarade Lounatcharski; mainte-

(1) *« L'Anti-Durhing » a été écrit à Londres par Engels en 1877-1878.*

(2) *Anatole Vassilievitch Lounatcharski, écrivain et critique, occupait les fonctions de Commissaire du Peuple à l'Instruction publique.*

nant il a voulu vous voir... Il est tellement cultivé, tellement sociable, il avait jusqu'à votre adresse.

FOSKINE

La crapule a du flair!

MESALLIANSSOVA

Please, Sir!

PONT KITCH

Aïe, Ivan vrai rebelle, et gît bas de lit. Echelle verte et mannequin, aïe, menottes Indoustan, *pepermint oh hisse varices inventation.*

MESALLIANSSOVA

Mister Pont Kitch veut dire dans la langue qui lui est propre que, dans sa brumeuse patrie, tout le monde, de Macdonald à Churchill, est malade de curiosité devant votre invention. Il insiste beaucoup pour...

TCHOUDAKOV

Mais bien entendu! Mon invention appartient à l'humanité tout entière et, bien sûr, je vais tout de suite... Je suis vraiment très heureux. (*Il emmène l'étranger à l'écart et lui montre le fonctionnement de la machine pendant que ce dernier prend des notes.*) Pour manier ce levier, on fait comme ça. Oui... oui... oui... Vous avez deux leviers ici et la règle graduée parallèle en cristal... Oui... oui... oui... c'est bien ça! Ça, c'est comme ça... Bien sûr...

VELOSSIPEDKINE
(*entraînant Ivan Ivanovitch à l'écart*)

Camarade, il faut lui donner un coup de main. J'ai franchi toutes les portes « réservées au service », j'ai perdu des heures entières là où on dit : « Soyez bref, les minutes sont précieuses », et j'ai failli passer la nuit sous la pancarte : « Ne dérangez pas ceux qui sont occupés » sans absolument rien obtenir. La paperasserie et la lâcheté qui recule devant une dépense de quelques roubles vont peut-être causer la perte d'une invention grandiose. Camarade, avec votre autorité...

IVAN IVANOVITCH

Oui, c'est terrible! On ne fait pas d'omelette sans casser des œufs. Je m'en vais sur-le-champ à la Direction principale des coordinations. Je dirai tout de suite au camarade Nicolas... S'il refuse, je parlerai au camarade Paul en personne... Vous avez le téléphone ? Ah! vous n'avez pas le téléphone! Petits défauts du mécanisme, tout ça... Ah! les mécanismes suisses! Avez-vous été en Suisse ? J'ai été en Suisse. Rien que des Suisses partout. C'est extrêmement curieux!

PONT KITCH

(*rangeant son carnet dans sa poche et serrant la main de Tchoudakov*)

Ça, elle parle braille de vrai en vrai plissé, Hendaye châle tout goth. Andouille au ventre. Roubles ?

MESALLIANSSOVA

Mister Pont Kitch dit que s'il vous fallait des roubles...

VELOSSIPEDKINE

Lui ? Des roubles ? Mais il s'en moque, il ne sait pas où les mettre. Je lui rapporte une montagne de roubles de la banque. C'en est même répugnant. Mes poches en sont bourrées. J'ai des billets de vingt roubles dans l'une, de trente dans l'autre, et ces deux-ci sont pleines de billets de cent roubles. *All right! Good bye!*

(*Il serre vigoureusement la main de Pont Kitch et le raccompagne jusqu'à la porte avec admiration, le serrant dans ses bras.*)

MESALLIANSSOVA

Je vous en supplie, un peu de tact. Ce comportement vulgairement komsomol pourrait engendrer, si ce n'est déjà fait, un énorme conflit international. *Good bye* — au revoir!

IVAN IVANOVITCH
(*en tapotant l'épaule de Tchoudakov pour prendre congé*)

Moi aussi, quand j'avais votre âge... On ne fait pas d'omelette sans casser des œufs... Nous avons énormément besoin d'un Edison soviétique. (*Sur le seuil.*) Vous n'avez pas le téléphone ? Bon, ça ne fais rien, je vais absolument le dire au camarade Nicandre.

MOMENTALNIKOV
(*fermant la marche à petits pas en chantonnant*)

Monseigneur, commandez!...

TCHOUDAKOV (*à Velossipedkine*)

Heureusement qu'on a de l'argent.

VELOSSIPEDKINE

Il n'y en a pas!

TCHOUDAKOV

Comment ça, il n'y en a pas ? Alors, je ne comprends pas le motif de ces hâbleries... Surtout en présence d'offres sérieuses émanant d'étrangers...

VELOSSIPEDKINE

Tout génie que tu es, tu es un imbécile! Tu veux que ton idée se matérialise dans un corps d'acier et nous revienne d'Angleterre par la voie des airs sous forme d'un cuirassé translucide, maître du temps, qui frapperait, invisible, nos usines et nos soviets ?

TCHOUDAKOV

C'est bien vrai, pourtant. Dire que je lui ai tout raconté... Et en plus il a pris des notes! Pourquoi ne m'as-tu pas arrêté à temps, au lieu de le raccompagner en lui prodiguant ton affection ?

VELOSSIPEDKINE

Imbécile, je ne l'ai pas embrassé pour rien. L'ex-délinquance juvénile a du bon. Ce n'est pas lui que j'embrassais, c'est sa poche. Le voilà, le carnet de notes britannique. L'Anglo-Saxon a perdu son carnet.

TCHOUDAKOV

Bravo, Velossipedkine! Bon, et l'argent?

VELOSSIPEDKINE

Tchoudakov, je serai terrible. Je prendrai les gens à la gorge, je saignerai, j'étriperai, je décervellerai! Tout volera en éclats! J'ai voulu convaincre cet Optimistenko, je l'ai engueulé. Il est lisse et poli comme une bille de billard. Sa netteté de glace reflète uniquement ses supérieurs, et encore, la tête en bas. Mes arguments ont fortement ébranlé Notchkine, le comptable. Mais ce camarade Pobedonossikov est de roc. Ses mérites, son ancienneté, il en use pour vous écraser sans réplique. Connais-tu sa biographie ? Dans les formulaires, à la question : « Nature des occupations avant 1917 », il répondait : « Membre du parti. » Nul ne sait de quel parti il s'agit, s'il était bolchevik ou menchevik ou rien du tout. Enfermé en prison, il prit la poudre d'escampette en jetant du poivre aux yeux des gardiens. A présent, vingt-cinq ans plus tard, le temps à son tour lui a jeté aux yeux une poudre faite de futilités et de minutes et il larmoie de contentement bonhomme. Que peut-on voir avec des yeux pareils ? Le socialisme? Non, un encrier et un buvard, pas davantage.

FOSKINE

Camarades, on ne peut pas souder avec de la salive! Il en faut encore deux, ici. Ça fait deux cent soixante roubles au bas mot.

POLIA

(*entrant, un paquet de billets à la main*)

De l'argent, c'est drôle!

VELOSSIPEDKINE

(*donnant l'argent à Foskine. Foskine sort en courant*)

Allez, fonce! Prends un taxi! Reviens avec le matériel et la main-d'œuvre. (*A Polia.*) Alors, tu as convaincu les instances supérieures en suivant la filière familiale ?

POLIA

Lui ? Il ne comprend que le langage administratif. C'est drôle! Enceint de décisions protocolaires, tous les soirs, en rentrant à la maison, il siffle comme un boa en papier! Ce n'est pas drôle. Ça, c'est Notchkine, un petit comptable de son établissement, je ne l'avais jamais vu avant aujourd'hui... Il est arrivé en courant à l'heure du déjeuner, m'a fourré ce paquet dans les mains pour vous le transmettre... c'est secret, — m'a-t-il dit... C'est drôle! Moi, je peux pas y aller, a-t-il ajouté, — pour éviter la présomption de complicité. C'est pas drôle.

TCHOUDAKOV

Mais, cet argent est peut-être...

VELOSSIPEDKINE

Oui. Ça laisse rêveur, il me semble que... Bon! Ça ne fait rien! Demain on y verra clair.

(Entrent Foskine, Dvoïkine et Troïkine.)

Ça y est ?

FOSKINE

Paré!

VELOSSIPEDKINE

(rassemblant le groupe autour de lui)

Allez, du nerf! Au boulot, les gars!

TCHOUDAKOV

Bien, très bien... Les câbles sont soudés. Les cloisons isolantes sont en ordre. La tension est normale. Je crois qu'on peut y aller. Pour la première fois dans l'histoire de l'humanité... Reculez! Contact... Un, deux, trois!

(Feux de Bengale et fumée. Tous les acteurs reculent pour revenir sur le lieu de l'explosion un instant plus tard. Tchoudakov récupère, en se brûlant, un morceau de papier ayant la texture du verre avec un bord cassé et déchiré.)

TCHOUDAKOV

Dansez! Criez! Regardez ça de tous vos yeux! C'est une lettre! Elle a été écrite il y a cinquante ans plus tard. Il y a cinquante ans plus tard — comprenez-vous ces mots extraordinaires! Lisez!

VELOSSIPEDKINE

Il n'y a rien à lire... « SR 5-24-20. » De quoi s'agit-il ? C'est un numéro de téléphone ?

TCHOUDAKOV

Ce n'est pas SR mais SERAI. Ils n'écrivent qu'avec des consonnes, le cinq, c'est l'indicatif de la voyelle-clef. Ça fait une économie de vingt-cinq pour cent sur l'alphabet. Tu as compris ? Le 24, c'est demain. Le 20, c'est l'heure. Il, ou elle, ça sera ici demain, à huit heures du soir. Catastrophe! Quoi ?... Tu vois bien cette marge déchiquetée, carbonisée ? Un obstacle s'est dressé sur le chemin du temps, un corps qui est venu remplir cet espace, vide aujourd'hui, au cours d'une des cinquante années à venir. Ça explique l'explosion. Il faut à tout prix des hommes et de l'argent pour ne pas laisser périr ce qui vient de là-bas... Il en faut même beaucoup! Notre expérience doit être réalisée aussi haut que possible, dans l'espace le plus vide. Si aucune aide ne se présente, j'emporterai cette énorme masse sur mon propre dos. Mais demain le sort en sera joué. Camarades, soyons unis!

(*Ils sortent en toute hâte.*)

VELOSSIPEDKINE

Allons, camarades, on va les secouer comme un

prunier jusqu'à ce qu'ils acceptent! Je vais bouffer les fonctionnaires en crachant les boutons!

(*La porte s'ouvre comme ils vont pour sortir.*)

LE GÉRANT

Ça fait cent fois que je vous le dis : décampez avec votre artisanat individuel! Vous empuantissez l'air du locataire responsable, le camarade Pobedonossikov. (*Il avise Polia.*) Vous aussi... vous êtes ici ? Je voulais dire : Dieu bénisse votre activité sociale. Je vous ai mis de côté un petit ventilateur : vous m'en direz des nouvelles. Au revoir.

DEUXIÈME ACTE

Décor : le mur bureaucratique d'un local administratif. Côté cour : une porte avec la pancarte lumineuse : « N'entrez pas sans rapport. » Optimistenko est installé à une table voisine, recevant la file des solliciteurs qui s'étire tout au long du mur. Les solliciteurs ont des mouvements stéréotypés et tombent les uns sur les autres comme des quilles. Quand le mur s'éclaire de l'intérieur, on ne voit plus que les silhouettes noires des solliciteurs et le cabinet de Pobedonossikov.

OPTIMISTENKO

Alors, citoyen ?

LE SOLLICITEUR

Je vous en prie, camarade secrétaire, attachez-le, s'il vous plaît, attachez-le.

OPTIMISTENKO

Ça, c'est possible. Attacher, coordonner, tout ça, c'est possible. Toutes les questions peuvent être rattachées et coordonnées. Vous avez une note de service ?

LE SOLLICITEUR

Des sévices ?... bien sûr, qu'il y a des sévices, il n'y a même que ça. Il passe son temps à crier et à cogner, à cogner et à crier.

OPTIMISTENKO

Mais qui est-ce qui crie ? la question ?

LE SOLLICITEUR

Mais non, ce n'est pas la question, c'est Popaul Patte de Tigre!

OPTIMISTENKO

Mande pardon, citoyen, comment voulez-vous attacher votre Popaul ?

LE SOLLICITEUR

Ça, c'est bien vrai, on ne peut pas faire ça tout seul. Mais si on s'y prend à deux ou à trois, avec un ordre de vous, on pourra l'attacher et l'encorder, comme vous avez dit. Je vous en prie, camarade, coordonnez-le, ce voyou. Toute la maison en pâtit...

OPTIMISTENKO

Zut! Et vous trouvez que votre affaire est assez importante pour vous permettre de venir encombrer un important établissement d'Etat ? Adressez-vous à la milice... Citoyenne ?

LA SOLLICITEUSE

C'est pour coordonner, mon bon monsieur, pour coordonner.

OPTIMISTENKO

Ça, c'est possible — on peut coordonner, on peut

rattacher. Toutes les questions peuvent être coordonnées et rattachées. Vous avez un arrêté ?

LA SOLLICITEUSE

Mais non, mon bon monsieur, on ne peut pas l'arrêter. On m'a dit, à la milice, qu'il pouvait être mis en état d'arrestation pour huit jours, mais qu'est-ce que je vais manger, moi, mon bon monsieur, pendant ce temps-là ? Et quand il ne sera plus arrêté, il me battra encore.

OPTIMISTENKO

Mande pardon, citoyenne, mais vous avez déclaré qu'il s'agissait de coordonner. Pourquoi me cassez-vous les pieds avec votre mari ?

LA SOLLICITEUSE

Mais c'est justement avec mon mari qu'il faut nous coordonner, mon bon monsieur; nous ne vivons pas en bon accord, il boit avec trop de conviction. Et on a peur d'y toucher, il est membre du parti.

OPTIMISTENKO

Zut! Mais puisque je vous dis de ne pas venir encombrer un important établissement d'Etat avec vos banalités. L'Etat consacre son attention à des sujets importants — le taylorisme, tous les trucs comme ça, quoi.

(*Tchoudakov et Velossipedkine entrent en courant.*)

Oh! Où allez-vous, vous ?

VELOSSIPEDKINE
(*essayant d'écarter Optimistenko*)

Voir le camarade Pobedonossikov, avec urgence, vitesse et célérité!

TCHOUDAKOV (*reprenant*)

Avec urgence... célérité...

OPTIMISTENKO

Ah! Ah! Je vous reconnais. C'est vous-même ou bien votre frère ? J'ai déjà vu un jeune homme qui vous ressemblait.

TCHOUDAKOV

C'est moi-même.

OPTIMISTENKO

Mais non... L'autre n'avait pas de barbe.

TCHOUDAKOV

Je n'avais même pas de moustache quand j'ai commencé à user votre parquet! Camarade Optimistenko, il est indispensable d'y mettre fin. Nous devons voir le dirdécor lui-même, nous voulons voir Pobedonossikov en personne.

OPTIMISTENKO

Inutile. Il est inutile de le déranger. Il m'est possible de vous accorder satisfaction entière en personne. Tout va bien. Votre affaire a été examinée.

TCHOUDAKOV (*avec joie*)

La réponse est favorable en tous points ? oui ?

VELOSSIPEDKINE (*avec joie*)

Une réponse positive ? Entièrement ? Les bureaucrates ont donc mordu la poussière ? Formidable!

OPTIMISTENKO

Mais enfin, camarade! Du bureaucratisme avant une purge ? Ce serait inconcevable! Tout est enregistré dans un fichier, sans entrées et sorties, d'après un système de classement ultra-moderne. Un — je trouve votre tiroir. Deux — je sors votre affaire. Trois — je tiens la décision définitive, voilà, voilà!

(*Tous les yeux sont fixés sur le dossier.*)

Je disais bien qu'il y avait une décision définitive. Voilà! Re-fu-sé!

(*Le premier plan s'éteint. On voit l'intérieur du cabinet.*)

POBEDONOSSIKOV
(*dictant, tout en feuilletant des papiers et en tournant la manivelle du téléphone*)

« ... Ainsi, camarades, cette sonnerie de tramway, qui semble être un tocsin annonciateur de révolutions, doit bourdonner profondément dans le cœur de tous les ouvriers et paysans.

« Aujourd'hui, la place du Dixième-Anniversaire-de-la-Médecine-Soviétique sera rattachée au « Marché au Foin », ancien rempart de la bourgeoisie, par des rails léninistes... » (*Parlant dans le téléphone.*) Oui. Allô, allô!... (*Il continue.*) « Qui empruntait le tram avant le 25 octobre ? Des intellectuels déclassés, des curés et des aristocrates! Pour combien ? Cinq copecks par station. Dans quoi ? Dans un tram jaune. Qui l'empruntera maintenant ? Maintenant, c'est nous, travailleurs de l'univers, qui allons y rouler. Comment voyagerons-nous ? Avec tout le confort soviétique. Dans un tram rouge. Pour combien ? Seulement pour dix copecks. Ainsi, camarades... » (*Le téléphone sonne. Au téléphone.*) Oui, oui, oui. Il n'y en a pas... Où nous étions-nous arrêtés ?

UNDERTON, LA DACTYLO

« Ainsi, camarades... »

POBEDONOSSIKOV

Oui, oui... « Ainsi, camarades, n'oubliez pas que Léon Tolstoï est un maître de la plume inoubliable et souverain. Son héritage du passé éclaire notre chemin sur la ligne du partage de deux mondes, comme une grande étoile littéraire, comme une constellation entière, comme la plus grande de toutes les constellations — la Grande Ourse. Léon Tolstoï... »

UNDERTON

Je m'excuse, camarade Pobedonossikov. Vous avez commencé par un tram et vous venez d'y faire monter en marche Léon Tolstoï. Il me semble qu'il y a là une infraction aux règlements en vigueur dans la circulation littéraire.

POBEDONOSSIKOV

Comment ? Quel tram ? Ah! oui!... Avec ces inaugurations et ces discours... Veuillez ne pas m'adresser d'observations pendant la durée du travail! Pour l'autocritique, vous avez un journal mural. Continuons... « Même Léon Tolstoï, même cette Grande Ourse de la plume, si elle avait réussi à jeter un coup d'œil à nos réalisations incarnées par le tram susindiqué, elle aurait déclaré à la face de l'impérialisme mondial : « Je ne peux pas me taire. » Les voilà, les fruits rouges de l'instruction générale et obligatoire. Et en ces jours d'anniversaire... » C'est scandaleux! Quel cauchemar! Convoquez-moi immédiatement le camarade... le citoyen comptable Notchkine.

(Le cabinet de Pobedonossikov s'éteint. On voit de nouveau la queue à la porte du cabinet. Tchoudakov et Velossipedkine se débattent comme des diables.)

VELOSSIPEDKINE

Camarade Optimistenko, de qui se moque-t-on ?

OPTIMISTENKO

Mais non, mais non, on ne se moque de personne. Après lecture, votre proposition a été refusée. Votre invention n'entre pas dans le plan de développement prévu pour le prochain trimestre.

VELOSSIPEDKINE

Mais la construction du socialisme ne rentrera pas tout entière dans le trimestre prochain!

OPTIMISTENKO

Vos fantaisies viennent perturber notre activité d'Etat! (*A Belvedonski, qui fait son entrée.*) Donnez-vous la peine! Allez-y! Ne mollissez pas! (*A Velossipedkine.*) Votre proposition n'est pas coordonnée avec le Commissariat aux Transports et les milieux ouvriers et paysans n'en ont aucun besoin.

VELOSSIPEDKINE

Que vient faire là-dedans le Commissariat aux Transports ? C'est une ânerie sans nom.

TCHOUDAKOV

Bien sûr, on ne saurait prévoir toute l'immensité des conséquences, il se peut que, dans l'avenir, mon invention puisse servir aux besoins du transport, la vitesse étant fulgurante et dépassant presque le mur du temps...

VELOSSIPEDKINE

Mais, bien entendu, on peut coordonner ça avec le Commissariat aux Transports. Par exemple, vous embarquez à trois heures du matin et à cinq heures vous atterrissez déjà à Leningrad.

OPTIMISTENKO

C'est bien ce que je disais. On refuse. Ce n'est pas viable. Et que voulez-vous faire à cinq heures à Leningrad? Tous les bureaux sont encore fermés. (*La lampe rouge du téléphone s'allume. Il écoute et crie.*) Notchkine chez le camarade Pobedonossikov!

(*Faisant un écart pour éviter Tchoudakov et Velossipedkine qui se jettent vers lui, Notchkine arrive devant la porte de Pobedonossikov au pas de gymnastique. Le cabinet s'éclaire.*)

POBEDONOSSIKOV

(*agitant la manivelle et soufflant dans le récepteur*)

Zut! C'est toi, Ivan ? Salut, camarade Ivan! Il me faudrait deux billets. Oui, en wagon-lit. Comment ? Tu n'es plus responsable de ça ? Zut! Avec toutes ces tâches militantes, on finit par se couper des masses. Quand on a besoin d'un billet, on ne sait même plus à qui téléphoner! Allô! allô! (*A la dactylo.*) Où en sommes-nous ?

UNDERTON

« Ainsi, camarades... »

POBEDONOSSIKOV

« Ainsi, camarades, Alexandre Serguéiévitch Pouchkine, auteur insurpassable de l'opéra *Eugène Onéguine* et de la pièce du même nom... »

UNDERTON

Je m'excuse, camarade Pobedonossikov, mais vous avez commencé par mettre un tram en marche, vous y avez fait monter Tolstoï ensuite, et voilà que Pouchkine s'y installe à son tour sans qu'il se soit même arrêté.

POBEDONOSSIKOV

Quel Tolstoï ? Quel tram ? Ah! oui! Avec toutes ces inaugurations, pas de remarques, s'il vous plaît! Je traite ici un sujet unique suivant un procédé nouveau et politiquement juste, et vous... Tolstoï comme Pouchkine, et même Byron, si vous voulez, sont des co-commémorés, même si ça ne se produit pas au même moment, et puis enfin! C'est peut-être un article directeur et unique que je rédige ainsi; vous pourriez le découper par la suite selon les problèmes particuliers mis en lumière, si seulement vous vous trouvez à votre place, et cela sans céder aux errements de l'autocritique. Mais je remarque que, d'une façon générale, vous pensez plutôt à vous maquiller et étaler votre rouge à lèvres. Votre place n'est pas dans mon établissement. Il est grand temps de renforcer les cadres ouvriers du secrétariat en embauchant de jeunes komsomoles. Veuillez, aujourd'hui même...

(*Entre Belvedonski.*)

Bonjour, bonjour, camarade Belvedonski! Mission accomplie ? Comme un stakhanoviste ?

BELVEDONSKI

Bien sûr, bien sûr, tout est prêt. J'y ai consacré des nuits sans sommeil, en émulation socialiste avec moi-même, en quelque sorte, mais enfin, tout est prêt, conformément à la commande sociale et à l'avance accordée; rendement : trois cents pour cent. Voulez-vous jeter un coup d'œil, camarade, sur votre futur mobilier ?

POBEDONOSSIKOV

Exposez!

BELVEDONSKI

Comme il vous plaira! Bien entendu, vous savez et vous voyez, comme l'a dit un célèbre historien, que les styles peuvent être de différents Louis. Ça, c'est du Louis Quatorze, surnommé quatorzième par les Français après la révolution de quarante-huit pour avoir immédiatement suivi le treizième. Ensuite, ça, c'est du Louis Jacob, et enfin je me permettrai de vous recommander le dernier cri de l'actualité, le Louis Mauvaigoût.

POBEDONOSSIKOV

Pas mal tous ces styles, bien choisi. Et le prix ?

BELVEDONSKI

Les trois Louis font à peu près le même prix.

POBEDONOSSIKOV

Alors, nous nous arrêterons, je pense, sur le Louis Quatorze. Mais, bien entendu, en accord avec les exigences de l'Inspection ouvrière et paysanne sur la diminution des frais, je vous proposerai de redresser les pieds des divans et des chaises, d'enlever les dorures, de peindre le tout façon chêne en gravant çà et là le blason soviétique sur les dossiers et autres endroits ostensibles.

BELVEDONSKI

Merveilleux! Ils s'y sont mis à plus de quinze Louis sans pouvoir y arriver, et vous, vous le concevez d'un seul coup! Ça, c'est bolchevik, c'est révolutionnaire! Camarade Pobedonossikov, permettez-moi de poursuivre votre portrait pour immortaliser un administrateur novateur et distributeur des subventions. La prison et le bagne vous réclament, je parle de la revue, bien sûr. Le musée de la Révolution aussi, on m'y arrachera l'original l'écume à la bouche! Quant aux copies, les collègues reconnaissants les prendront toutes à la faveur d'un petit crédit avec retenue sur le salaire. M'y autorisez-vous ?

POBEDONOSSIKOV

En aucun cas! Je ne saurais, bien entendu, lâcher la barre du pouvoir pour des sottises pareilles, mais si la plénitude de l'histoire devait en souffrir et si la pose se faisait pendant le travail, je vous en prie, allez-y. Je m'installerai devant mon bureau et tu me peindras rétrospectivement, c'est-à-dire comme si j'étais à cheval.

BELVEDONSKI

J'ai déjà dessiné votre cheval chez moi, de mémoire, j'ai puisé mon inspiration aux courses, et croyez-moi si vous voulez, quand c'était nécessaire je me suis regardé dans la glace. Il ne reste plus qu'à vous mouler à votre cheval. Puis-je écarter le panier à papiers ? D'aussi nobles mérites s'allier à tant de modestie! Du raffinement dans la silhouette de votre jambe de choc. Vos bottes ont un brillant! on a envie de les lécher. Seul Michel-Ange avait des lignes aussi pures. Connaissez-vous Michel-Ange ?

POBEDONOSSIKOV

Angelov, un Arménien ?

BELVEDONSKI

Un Italien.

POBEDONOSSIKOV

Un fasciste ?

BELVEDONSKI

Vous n'y pensez pas!

POBEDONOSSIKOV

Je ne le connais pas.

BELVEDONSKI

Vous ne le connaissez pas ?

POBEDONOSSIKOV

Me connaît-il, lui ?

BELVEDONSKI

Je ne le sais pas... C'est aussi un peintre.

POBEDONOSSIKOV

Ah! Dans ce cas, il devrait me connaître. Vous savez, les peintres sont nombreux, mais il n'y a qu'un dirdécor!

BELVEDONSKI

Le crayon tremble. Impossible de rendre la dialectique du caractère devant une allure aussi modeste. Votre respect pour vous-même est titanesque, camarade Pobedonossikov! Jetez un regard aveuglant par-dessus votre épaule droite et votre stylo. Permettez-moi d'immortaliser cet instant.

POBEDONOSSIKOV

Entrez!

(*Entre Notchkine.*)

POBEDONOSSIKOV

Vous ?

NOTCHKINE

Moi...

POBEDONOSSIKOV

Deux cent trente ?

NOTCHKINE

Deux cent quarante.

POBEDONOSSIKOV

Alcool ?...

NOTCHKINE

Cartes.

POBEDONOSSIKOV

Monstrueux! Inconcevable! Qui ça ? un dilapidateur! Où ça ? Chez moi! A quel moment ? Au moment où je conduis mon établissement vers le socialisme en suivant la foulée géniale de Karl Marx, et cela conformément aux directives centrales...

NOTCHKINE

Eh bien! Karl Marx y a bien joué, lui.

POBEDONOSSIKOV

Karl Marx ? Aux cartes ? Jamais!!!

NOTCHKINE

Jamais, tu parles... Et Franz Mehring, alors ? Qu'a-t-il écrit dans son ouvrage de base, *Karl Marx dans sa vie privée*, page 72 ? Notre maître génial et bien-aimé était joueur...

POBEDONOSSIKOV

Bien entendu, j'ai lu et je connais Mehring. Premièrement il exagère, et deuxièmement Karl Marx a effectivement joué, mais à la bourse, pas aux cartes.

NOTCHKINE

Mais l'ami, le condisciple et le contemporain de Marx, le célèbre Ludwig Feuerbach écrit qu'il a joué aussi aux cartes.

POBEDONOSSIKOV

Bien sûr, j'ai évidemment lu le camarade Feuerbachov. Karl Marx a parfois joué aux cartes, mais pas pour de l'argent...

NOTCHKINE

Si... pour de l'argent.

POBEDONOSSIKOV

Oui, mais c'était son argent à lui, pas les deniers publics.

NOTCHKINE

Mais enfin, tous ceux qui ont étudié avec attention la vie de Marx se souviennent du cas mémorable où il a eu recours aux deniers publics.

POBEDONOSSIKOV

Bien sûr, ce cas historique nous forcera à étudier le vôtre, vu le précédent historique, d'une façon plus attentive, mais malgré tout...

NOTCHKINE

Arrêtez vos salades! Jamais Karl Marx n'a touché une carte de sa vie. Oh! et puis, que pourrait-on vous dire ? Vous êtes incapable de comprendre un homme. Les paragraphes et les directives normalisées, vous n'en sortez pas! Va donc, rond-de-cuir! Trombone! Agrafe!

POBEDONOSSIKOV

Comment ? Des outrages ? Bafouer la personne de ses supérieurs directs et responsables et l'ombre irresponsable... mais non, que dis-je, l'ombre responsable de Marx ?... Arrêtez-le! Enfermez-le!

NOTCHKINE

Veuillez ne pas vous déranger, camarade Pobedonossikov, je téléphonerai à la milice moi-même.

POBEDONOSSIKOV

Assez! Ça n'a que trop duré!

BELVEDONSKI

Camarade Pobedonossikov! Un instant! Gardez cette pose en tant que telle. Laissez-moi immortaliser cette vision fugitive.

UNDERTON

Ha! Ha! Ha!

POBEDONOSSIKOV

Manifester sa solidarité ? Pour un dilapidateur ? Rire ? Avec des lèvres fardées ?... Dehors! (*Il reste tout seul et tourne la manivelle du téléphone.*) Allô! allô! Allons, bon!... Qui est-ce ? Alexandre. Mais ça fait trois jours que je te... C'est fini ? Félicitations. Bien sûr, je pense bien! Aucun doute là-dessus!... Comme d'habitude, mes jours et mes nuits y passent entièrement... Oui, aujourd'hui enfin. Deux billets. En wagon-lit. Avec la dactylo. L'inspection n'a rien à y voir. Pour terminer un compte rendu indispensable. Deux cent quarante roubles aller et retour, quelle importance? Oui, frais de déplacement ou quelque chose comme ça. Mission de choc, c'est ça, envoie-moi un courrier... Mais bien sûr, je donnerai un coup de pouce à ton affaire... C'est ça, c'est ça!... Au Cap Vert... A mon nom. Bon, je t'en serre cinq, avec mon salut responsable. (*Il pose l'écouteur. Sur l'air du toréador.*) Allô! allô!

(*Le cabinet s'éteint. Tchoudakov et Velossipedkine marchent sur Optimistenko.*)

OPTIMISTENKO

Mais vous me bousculez! Vous pourriez respecter les travaux et l'activité du personnel de l'Etat, enfin!

(*Entre Mesallianssova. Tchoudakov et Velossipedkine font une nouvelle tentative.*)

Non, non... En priorité, conformément au téléphonogramme. (*Il l'accompagne en offrant le bras à Mesallianssova et lui donnant des explications.*) Tout est prêt... Mais bien sûr. Je lui ai raconté ça en lui mettant dans l'idée qu'elle va frétiller avec les jeunes du Komsomol. Il s'est mis dans une colère! — Je m'opposerai formellement à des incontinences amoureuses dans l'absence d'une ancienneté stable et d'états de service sérieux, — qu'il a dit, et puis il a même été content. Il a déjà balancé la dactylo pour manque d'éthique buccale. Allez-y, ne craignez rien!

(*Mesallianssova s'en va.*)

TCHOUDAKOV

Bon, encore une! Essayez donc de comprendre, camarade, aucune force, scientifique ou diabolique, ne saurait arrêter ce qui point à l'horizon. Si l'expérience se produit ailleurs que dans un espace libre au-dessus de la ville, une explosion pourrait se produire.

OPTIMISTENKO

Une explosion ? Pas de ça, hein! N'essayez pas d'intimider un établissement d'Etat. Ici on est toujours calme; l'énervement, c'est mauvais. Quand l'explosion se sera produite, nous porterons plainte contre vous aux services compétents.

VELOSSIPEDKINE

Mais comprends donc, bille de bois!... C'est contre toi qu'il faut porter plainte aux services compétents et incompétents. Les gens ont soif de travailler à l'échelle de l'univers, et toi, tu viens vider ta vessie sur leur enthousiasme avec des raisonnements bureaucratiques. Oui...

OPTIMISTENKO

Tâchez de respecter la personne humaine! La personne individuelle ne joue pas un rôle important dans l'histoire. On n'est plus à l'époque du tsarisme. C'est alors qu'il fallait de l'enthousiasme. Maintenant, nous en sommes au matérialisme historique, et personne ne vous demande de manifester votre enthousiasme.

(*Entre Mesallianssova.*)

OPTIMISTENKO

Circulez, citoyens, on ne reçoit pas.

MESALLIANSSOVA
(*portant une serviette de cuir*)

Oh! bayadère, devant ta beauté! Tra-la-la-la, la-la-la-la...

TROISIÈME ACTE

Les fauteuils d'orchestre débordent sur la scène. Il reste quelques places vides au premier rang. On frappe les trois coups. Sifflets, bruits de pieds : « Commencez! »

LE METTEUR EN SCÈNE

Camarades, du calme! Le troisième acte va commencer avec quelques minutes de retard, à cause de circonstances indépendantes de notre volonté.

(*Une minute passe, on crie de nouveau : « Commencez! »*)

LE METTEUR EN SCÈNE

Un instant, camarades! (*Bas.*) Alors, ils arrivent ? Ce retard est bien fâcheux. Cette conversation pourrait avoir lieu après la représentation; allez donc au foyer, essayez de leur faire comprendre délicatement. Ah! les voici!... Camarades, nous sommes très heureux. Mais non, pensez-vous! Tout le plaisir est pour nous! Pas le moins du monde, rien qu'un instant, une demi-heure même, ce n'est pas un train, on peut toujours démarrer un peu plus tard. Ça se comprend, à notre époque. Avec tous ces problèmes d'Etat, à l'échelle planétaire, peut-on dire... Avez-vous vu les deux premiers actes ? Alors, votre avis ? Nous sommes tous très intéressés, bien sûr, par vos impressions, et, d'une façon générale, vos opinions...

POBEDONOSSIKOV

Pas mal, pas mal! Nous en parlions avec Ivan Ivanovitch. C'est pris sur le vif. C'est bien vu. Mais malgré tout, ça n'a pas l'air d'être tout à fait ça...

LE METTEUR EN SCÈNE

Oh! mais on peut apporter des corrections, vous savez, nous aspirons toujours, de tout notre cœur... Donnez-nous seulement des indications concrètes et vous n'aurez pas le temps de faire ouf...

POBEDONOSSIKOV

C'est d'une densité étouffante; dans la vie, ça ne se passe jamais ainsi... Tenez, ce Pobedonossikov, par exemple. C'est quand même gênant... Il s'agit manifestement d'un camarade responsable, et pourtant on le montre sous un jour déplaisant, affublé d'un nom baroque : « dirdécor ». Ça n'existe pas chez nous, ce n'est pas naturel, pas réel, pas ressemblant! Il faut refaire tout ça, l'atténuer, le poétiser, l'arrondir...

IVAN IVANOVITCH

Oui, oui, ce n'est pas convenable! Avez-vous le téléphone ? Je vais donner un coup de fil au camarade Fédor; bien sûr, il ira au-devant... Ah! pas pendant la représentation ? Bon, plus tard, alors. Camarade Momentalnikov, il faut lancer une vaste campagne.

MOMENTALNIKOV

Monseigneur, commandez!
Un petit rien nous suffit.
Vous donnez la consigne,
Vous faites un petit signe,
Le voilà aussitôt engueulé.

LE METTEUR EN SCÈNE

Mais vous n'y pensez pas, camarades! Il s'agit d'une publication autocritique entreprise avec l'autorisation de la Direction des Lettres, mettant en scène un type littéraire négatif.

POBEDONOSSIKOV

Comment avez-vous dit ? « Un type ? » Et vous désignez ainsi un homme d'Etat responsable ? quand ce mot pourrait tout juste s'appliquer à un médiocre sans-parti ? Un type! Mais enfin, ce n'est pas un « type », c'est un dirdécor mis en place par les organes de direction, un type, c'est du joli! Et s'il commet des actes répréhensibles aux yeux de la loi, il faut porter ces faits à la connaissance des instances compétentes qui mèneront l'instruction, et alors seulement, une fois les faits contrôlés par la Justice et publiés par l'Inspection ouvrière et paysanne, il faut en tirer des personnages symboliques. Ça, ça se comprendrait, mais bafouer grossièrement, dans une salle de spectacle...

LE METTEUR EN SCÈNE

Camarade, vous avez entièrement raison, mais c'est prévu par l'intrigue, le développement de l'action.

POBEDONOSSIKOV

L'action ? Quelle action ? Il n'y a pas d'action qui tienne, ce n'est pas votre affaire; contentez-vous de l'illustration; les instances du parti et des soviets agiront sans vous. Il vous appartient aussi de montrer les côtés positifs de notre réalité. Prenez un modèle exemplaire, mon établissement, par exemple, ou bien moi-même...

IVAN IVANOVITCH

Oui, oui, c'est ça! Allez-y donc. Les directives y sont suivies, les circulaires diffusées, la rationalisation organisée, les papiers gardent un ordre parfait pendant des années. Les demandes, les réclamations et les instructions sont dépouillées à la chaîne. Un vrai îlot de socialisme. C'est extrêmement intéressant!

LE METTEUR EN SCÈNE

Mais, camarade, permettez-moi de...

POBEDONOSSIKOV

Je ne le permettrai pas!!! Je n'en ai pas le droit, et ça m'étonne de voir qu'on vous a permis! Cela nous discrédite aux yeux de l'Europe. (*A Mesallianssova.*) Ne traduisez pas cela, s'il vous plaît.

MESALLIANSSOVA

Ah! non, non, *all right*! Il a mangé un peu de caviar dans un banquet et il s'est assoupi.

POBEDONOSSIKOV

Et qui prenez-vous pour nous faire face ? Un inventeur ? Qu'a-t-il inventé ? Le frein Westinghouse ?

Le stylo ? Le tram sans moteur? A-t-il trouvé le moyen d'administraliser la rationalisation ?

LE METTEUR EN SCÈNE

Comment ?

POBEDONOSSIKOV

Je dis : a-t-il rationalisé l'administration ? Non! Alors ? Nous n'avons que faire de rêveurs! Le socialisme est basé sur la comptabilité!

IVAN IVANOVITCH

Oui, oui. Avez-vous vu un service de comptabilité ? J'ai déjà vu un service de comptabilité, on voit des chiffres partout, des grands et des petits, c'est très varié, et ils finissent toujours par s'équilibrer. La comptabilité! C'est extrêmement intéressant!

LE METTEUR EN SCÈNE

Ne nous jugez pas mal, camarade. Nous pouvons nous tromper, mais nous avons pensé que notre théâtre servirait la lutte et l'édification, que le spectateur sortirait d'ici pour mieux travailler, qu'il en sortirait remué, qu'il en sortirait pour démasquer les incapables.

POBEDONOSSIKOV

Quant à moi, je vous demanderai au nom des ouvriers et des paysans de ne pas me remuer. Vous vous prenez pour un réveille-matin, peut-être! Il faut flatter mon oreille au lieu de me remuer; votre tâche première est de flatter mon regard, remuer est inutile.

MESALLIANSSOVA

C'est ça, flatter...

POBEDONOSSIKOV

Après nous être livrés à nos activités sociales et dirigeantes, nous voulons goûter le repos. Retour aux classiques! Retournez à l'école des plus grands génies qui aient illustré le passé maudit! Combien de fois vous l'ai-je dit ? Souvenez-vous de ces vers célèbres :

Les réunions
ont emporté
peines et plaisir.
Plus de désirs,
plus de regrets (1).

MESALLIANSSOVA

Mais bien sûr, l'art doit refléter la vie, une vie pleine de beauté et de beaux hommes pleins de vie. Montrez-nous de beaux mâles dans de beaux paysages; bref, tout ce qui concerne le pourrissement de la bourgeoisie. Même la danse du ventre, si c'est utile à la propagande. Ou bien, par exemple, les nouvelles formes que prend la lutte contre les mœurs rétrogrades au sein de l'Occident pourri. On pourrait montrer sur scène, par exemple, qu'à Paris le fox-trot remplace le comité des femmes, ou bien les jupes dernier cri que porte le vieil univers décrépit, ce qu'on appelle le beau monde. C'est clair ?

IVAN IVANOVITCH

Oui, oui! Servez-nous du beau! On voit toujours du beau au Grand Théâtre. Vous avez vu le *Pavot*

(1) *Vers de Lermontov que Pobedonossikov cite avec quelques changements de son cru. Il a dû les connaître par le livret du* Démon, *opéra de Rubinstein, qui a popularisé le texte du grand poète russe.*

rouge ? J'ai vu le *Pavot rouge*. C'est extrêmement intéressant! Partout on voit voltiger, danser et chanter des elfes et des *syphilides*.

LE METTEUR EN SCÈNE

Vous vouliez dire des sylphides ?

IVAN IVANOVITCH

Oui, oui, c'est ça! C'est une remarque très juste, des sylphides. Il faut lancer une vaste campagne. Oui, oui, on voit partout voler des elfes et des... *zwölf*... C'est extrêmement intéressant.

LE METTEUR EN SCÈNE

Excusez-moi, mais les elfes sont déjà très nombreux, et leur multiplication ultérieure n'a pas été prévue par le plan quinquennal. Ils ne cadrent absolument pas avec l'intrigue. Mais la détente est un moment nécessaire; je vous comprends très bien, la pièce sera modifiée dans ce sens par l'adjonction d'interludes dynamiques et gracieux. Tenez, par exemple, avec un sujet un peu excitant, le Pobedonossikov serait irrésistible. Une indication ou deux, et ce rôle brillera de tous ses feux. Camarade Pobedonossikov, prenez deux ou trois objets entre vos doigts, un stylo, une griffe, un feuillet et un traitement-maximum, par exemple, et maintenant exécutez un exercice de jonglerie. Jetez le stylo, prenez le papier, apposez votre griffe, prenez le traitement, prenez le stylo, saisissez le papier, signez, ramassez le traitement. Un, deux, trois, quatre. Un, deux, trois, quatre. Le tra-vail du bu-reau-cra-te, la journée du bu-reau-cra-te. Ça rentre ?

POBEDONOSSIKOV (*avec enthousiasme*)

Ça, c'est tapé! C'est tonique. Aucun signe de décadence, de démoralisation. On peut rigoler un bon coup.

MESALLIANSSOVA

Yes, c'est très pédagogique.

POBEDONOSSIKOV

Cette légèreté de mouvements est riche d'enseignements pour tous ceux qui entrent dans la carrière. Voilà un spectacle accessible, simple, on peut même y conduire les enfants. Entre nous soit dit, notre classe est encore dans sa jeunesse, l'ouvrier est un grand enfant. Mais c'est encore un peu sec, pas très riche, pas très juteux...

LE METTEUR EN SCÈNE

Du moment que ça vous plaît, tout va bien, les limites de la fantaisie sont infinies dans ce domaine. Nous pouvons mettre en scène un de ces tableaux symboliques en mobilisant tout notre personnel dramatique disponible. (*Il bat des mains.*) Le personnel masculin libre, en scène! Un genou à terre. Fléchissez avec un air réduit en esclavage. Taillez d'un pic invisible tenu par une main visible le charbon invisible. Les visages! plus sinistres, les visages... Les forces du mal vous oppriment. C'est ça! Continuez!... Vous, vous serez le capital. Mettez-vous là, camarade capital... Dansez avec superbe en exprimant votre suprématie de classe. Prenez par une taille invisible une courtisane imaginaire en buvant du champagne invisible. Voilà! Continuez! Très bien! Le personnel féminin libre, en scène! Vous, vous serez la liberté, vous avez une tête à ça. Vous, vous serez l'égalité, c'est donc un personnage qui peut être joué par n'importe qui. Soyez la fraternité, vous, de toute façon, vous ne sauriez exciter d'autres sentiments. Tout le monde est prêt ? Commencez! Par une proclamation imaginaire, soulevez des masses imaginaires. Propagez l'enthousiasme de la lutte, propagez! Que faites-vous ?

Levez la jambe plus haut pour symboliser la montée du mouvement imaginaire. Le capital, dansez mollement côté jardin avec des mines de deuxième internationale. Avez-vous fini de battre l'air avec vos bras ? Tendez les tentacules de l'impérialisme... Pas de tentacules ? Que venez-vous chercher sur scène, alors ? Tendez ce que vous voulez, tentez de séduire les dames qui dansent en étalant des richesses imaginaires. Les dames, refusez par un geste énergique de la main gauche. Voilà, voilà, voilà! Masses ouvrières imaginaires, révoltez-vous symboliquement! Le capital, tombez avec élégance! Très bien!

Le capital, crevez plastiquement!
Avec des convulsions artistiques!

Excellent!

Personnel masculin libre, brisez vos fers imaginaires pour monter vers le soleil symbolique. Agitez un bras victorieux. Liberté, égalité et fraternité, simulez le pas vainqueur et cadencé des cohortes ouvrières. Posez vos pseudo-pieds ouvriers sur le pseudo-capital pseudo-abattu.

Liberté, égalité et fraternité, souriez, comme si vous étiez heureuses. Personnel masculin libre, faites semblant d'être « ceux qui ne sont rien »; maintenant, imaginez que « vous êtes tout ». Faites une pyramide pour refléter la croissance de l'émulation socialiste.

Très bien!

Formez une tour avec vos corps pseudo-puissants pour symboliser l'incarnation plastique du communisme.

Battez la mesure avec votre main libre, tenant un marteau imaginaire, au rythme du pays libéré pour suggérer l'enthousiasme de la lutte. L'orchestre, ajoutez un peu de fracas des usines.

C'est ça! Très bien!

Le personnel féminin libre, en scène!

Ceignez de couronnes imaginaires le front des travailleurs qui forment l'immense armée cosmique du travail, symbolisant les fleurs du bonheur écloses sous le socialisme. Très bien! Et voilà! Tout est prêt! Pantomime de détente sur le sujet :

« *Travail et capital*
nourrissent l'art théâtral. »

POBEDONOSSIKOV

Bravo! Magnifique! Comment pouvez-vous abaisser votre talent jusqu'au niveau du fait divers, des autocritiques banales ? Voilà de l'art authentique, compréhensible et accessible pour moi aussi bien que pour Ivan Ivanovitch et pour les masses.

IVAN IVANOVITCH

Oui, oui, c'est extrêmement intéressant! Avez-vous le téléphone ? Je veux donner un coup de fil... je ne sais pas à qui, mais je veux donner un coup de fil. Je me sens déborder. C'est enthousiasmant! Camarade Momentalnikov, il faut lancer une vaste campagne.

MOMENTALNIKOV

Monseigneur, commandez.
Un petit rien nous suffit :
Envoyez-nous du pain,
Faites-nous voir des jeux,
Tout sera aussitôt pommadé.

POBEDONOSSIKOV

C'est très bien! très riche. Il ne manque que l'autocritique. Comme un personnage symbolique, ce serait très actuel. Vous n'avez qu'à mettre une table dans un coin, pour qu'elle y fasse ses articles pendant que vous travaillez sérieusement. Merci. Au revoir. Je ne veux pas gâcher mes impressions par des phrases banales après cette élégante conclusion. Avec mes salutations fraternelles!

IVAN IVANOVITCH

Avec mes salutations fraternelles! Au fait, comment s'appelle cette petite, la troisième, de profil ? Quelle beauté, quelle douceur... de talent... Il faut lancer une vaste campagne, ou même une moins vaste, elle et moi, par exemple... Je donnerai un coup de fil. Ou alors, elle peut téléphoner elle-même.

MOMENTALNIKOV

Monseigneur, commandez,
Foin des délicatesses.
Donnez-nous une adresse,
Tout sera, bien sûr, téléphoné.

(*Deux poinçonneurs de billets cherchent à retenir Velossipedkine qui veut gagner le premier rang.*)

LE CONTRÔLEUR

Citoyen, eh! citoyen, on vous le demande gentiment, décampez! Où allez-vous comme ça ?

VELOSSIPEDKINE

J'ai besoin d'aller au premier rang...

LE CONTRÔLEUR

Il vous faut des gâteaux à l'œil, pendant que vous y êtes ? On vous le dit poliment, citoyen. Vous avez un billet ouvrier, alors n'allez pas vous fourrer parmi les gens convenables.

VELOSSIPEDKINE

Je vais au premier rang, voir le camarade Pobedonossikov pour affaire.

LE CONTRÔLEUR

Citoyen, voyons, citoyen, on va au théâtre pour rigoler, pas pour des affaires, quand même. On vous dit ça poliment, videz les lieux!

VELOSSIPEDKINE

On rigolera quand on aura le temps, après-demain, je viens pour une affaire qui presse, moi. S'il le faut, on retournera le premier rang et tous les autres avec, les loges y compris.

LE CONTRÔLEUR

Citoyen, on vous le dit gentiment, déménagez en vitesse! Alors, vous n'avez pas payé de vestiaire, vous n'avez pas acheté de programme et vous n'avez même pas une carte d'invitation!

VELOSSIPEDKINE

Mais je ne suis pas venu pour la pièce. Je sortirai la carte du parti, s'il le faut... Camarade Pobedonossikov, c'est à vous que j'ai affaire!

POBEDONOSSIKOV

Pourquoi criez-vous ? De qui s'agit-il ? Qui est ce Pobedonossikov ?

VELOSSIPEDKINE

Assez plaisanté. C'est vous qui êtes lui, et c'est vous, le dirdécor Pobedonossikov, que je viens trouver.

POBEDONOSSIKOV

Avant de vous adresser à un camarade responsable d'un échelon supérieur, vous pourriez prendre la peine d'apprendre son prénom, sinon son nom de famille.

VELOSSIPEDKINE

Puisque c'est toi le responsable, explique un peu pourquoi ton administration met l'invention de Tchoudakov sous le boisseau ? Nos minutes sont comptées. Une catastrophe serait irréparable. Si vous nous allouez immédiatement des fonds, l'expérience sera transportée sur une éminence et...

POBEDONOSSIKOV

Ça n'a ni queue ni tête! Quel Tchoudakov ? Quelle éminence ? D'ailleurs et d'une façon générale, je dois partir aujourd'hui même pour gagner les éminences du Caucase.

VELOSSIPEDKINE

Tchoudakov est un inventeur...

POBEDONOSSIKOV

Les inventeurs sont nombreux et je suis seul; d'ailleurs, veuillez me laisser un instant de répit, ne fût-ce que pendant les rares minutes de repos prévues par les instances adéquates. Passez vendredi.

(*Le metteur en scène fait des gestes frénétiques dans la direction de Velossipedkine.*)

VELOSSIPEDKINE

T'en fais pas, on viendra te voir, aujourd'hui même et pas vendredi, et pas moi, mais...

POBEDONOSSIKOV

Vienne qui voudra, il verra mon remplaçant et non pas moi. Puisque l'ordre de mise en congé me concernant a été donné, je ne suis donc pas là. Il faut comprendre la constitution de notre constitution. C'est un scandale!...

VELOSSIPEDKINE (*à Ivan Ivanovitch*)

Faites-lui entrer ça dans la caboche, à coups de téléphone si vous voulez, vous l'aviez bien promis!

IVAN IVANOVITCH

Venir relancer pour affaires une personne en congé! Très intéressant! Avez-vous le téléphone ? Je vais donner un coup de fil au camarade Nicolas. Il faut veiller sur la santé des vieux responsables tant qu'ils sont jeunes.

LE METTEUR EN SCÈNE

Camarade Velossipedkine, je vous en supplie, pas d'esclandre! Il n'est pas dans la pièce. Ce n'est qu'une ressemblance, je vous en supplie, ils ne doivent rien deviner. L'intrigue vous réserve une satisfaction complète.

POBEDONOSSIKOV

Adieu, camarade! Votre théâtre se prétend révolutionnaire alors que vous excitez... comment avez-vous dit ça... vous stimulez les militants responsables. Ce n'est pas pour les masses, les ouvriers et les paysans n'y comprendront rien et il en sera très bien ainsi et il n'y aura pas lieu de leur expliquer. Pourquoi voulez-vous à toute force nous faire jouer des personnages ? Nous voulons être des... comment dit-on ça ?... des spectateurs passifs. Ah! ça non! La prochaine fois, j'irai dans un autre théâtre!

IVAN IVANOVITCH

Oui, oui, c'est ça! Avez-vous vu *La quadrature des cerises* ? Moi, j'ai vu *L'oncle des Tourbine* (1). C'est extrêmement intéressant!

LE METTEUR EN SCÈNE (*à Velossipedkine*)

Qu'avez-vous fait ? Ça a failli être un four par votre faute. En scène, s'il vous plaît! La pièce continue!

(1) « *Les jours des Tourbine* » de Boulgakov et « *La Quadrature du Cercle* » de *Kataïev figuraient alors au répertoire des théâtres de Moscou.*

QUATRIÈME ACTE

Une cage d'escalier. Angles, paliers, portes d'entrée. Pobedonossikov, en tenue de voyage, apparaît sur le palier supérieur, une valise à la main. Il essaye de fermer la porte d'un coup d'épaule, mais Polia l'ouvre, se précipite à sa suite et pose une main sur la valise.

POLIA

Alors, tu me laisses en plan ?... Ce n'est pas drôle!

POBEDONOSSIKOV

Je te prie de mettre fin à cette conversation. Quel climat familial petit-bourgeois! Tous les médecins te diront qu'un repos complet m'astreint à m'arracher, moi, et moi seul, au milieu ambiant, je pars donc rétablir un organisme qui a une importance d'Etat, le retremper dans diverses régions montagneuses.

POLIA

Je sais bien, puisque je l'ai vu, qu'on t'a apporté deux billets. Je pouvais penser... Et puis enfin, en quoi je te gêne ? C'est drôle!

POBEDONOSSIKOV

Tu devrais abandonner ta conception petite-bourgeoise du repos. Je n'ai pas le temps de me livrer aux plaisirs du canotage, moi. Ces petites distractions sont justes bonnes pour le menu fretin des secrétariats. Vogue, ma gondole! Mais moi, je ne dirige pas une gondole mais un navire d'Etat. Je ne pars pas prendre des bains de soleil, moi. J'étudie toujours dans ma tête le moment actuel dans son contexte: après ça, il y a les rapports, les comptes rendus, les résolutions: bref, le socialisme. Ma qualité d'homme public me donne droit à une sténodactylo prévue par la loi.

POLIA

Ai-je jamais été un obstacle à ta sténographie ? C'est drôle! Bon, je comprends les comédies hypocrites que tu joues aux yeux des gens, mais pourquoi cherches-tu à me tromper aussi ? Ce n'est pas drôle! Pourquoi veux-tu toujours me cacher ? Laisse-moi un peu d'air, bon Dieu! et fais de la sténo toute la nuit, si ça t'amuse!

POBEDONOSSIKOV

Chut!!! Tes clameurs inorganisées et, en plus, religieuses finiront par me compromettre. « Bon Dieu! » Chut!!! Kozliakovski habite l'étage en dessous, il pourrait en parler à Pavel, qui a des liens familiaux avec Semione.

POLIA

Que veux-tu dissimuler ? C'est drôle!

POBEDONOSSIKOV

C'est toi qui dois dissimuler, dissimuler tes états d'âme de cuisinière, petits-bourgeois et inorganisés, qui ont engendré un mariage aussi inégal. Essaie d'y réfléchir, ne fût-ce que devant cette nature où je vais me plonger. Réfléchis-y! Moi, et toi! A présent, les temps ne sont plus où il suffisait de partir en reconnaissance ensemble et de dormir sous la même capote. J'ai gravi l'échelle de la culture, des fonctions et du logement. Il t'appartient d'augmenter par toi-même ton niveau culturel et de manœuvrer dialectiquement. Mais que vois-je en toi ? Une survivance du passé, un chaînon qui conduit aux mœurs anciennes et rétrogrades!

POLIA

Je te gêne ? En quoi ? C'est drôle! C'est toi qui m'as transformée en volatile déplumé.

POBEDONOSSIKOV

Chut!!! Arrête cette scène de jalousie! Dire que tu vas toi-même frétiller ailleurs. On se paie des jeunesses, hein ? Tu crois peut-être que j'ignore tout ? Tu n'as même pas été fichue de te trouver des roméos conformes à ma situation sociale. Marie-couche-toi-là, va!

POLIA

Tais-toi! Ce n'est pas drôle!

POBEDONOSSIKOV

Chut!!! Je t'ai déjà dit que Kozliakovski habitait au-dessous. Rentrons dans l'appartement. Il faut en finir, enfin!

(Il repousse Polia et rentre lui-même dans l'appartement en claquant la porte. Velossipedkine apparaît dans l'escalier, suivi de Tchoudakov, qui soutient la machine invisible, aidé de Dvoïkine et de Troïkine.)

VELOSSIPEDKINE

Allez, les copains, du nerf! Encore vingt marches. Doucement! Il ne doit pas nous échapper de nouveau, protégé par des secrétaires et des dossiers. Il faut que cette bombe du temps éclate chez lui.

TCHOUDAKOV

Je crains qu'il ne soit trop tard. Une erreur d'une seconde serait équivalente à une heure de temps terrestre.

DVOÏKINE

Tu sens le métal qui s'échauffe ? On dirait que le verre va entrer en fusion.

TROÏKINE

De mon côté, la température de la tôle devient infernale. Un poêle! Un vrai poêle! J'ai du mal à tenir.

TCHOUDAKOV

Le poids de la machine augmente sans discontinuer. Je jurerais qu'un corps étranger s'y matérialise.

DVOÏKINE

Camarade Tchoudakov, active! Je n'en peux plus! On dirait du feu!!!

VELOSSIPEDKINE

(*il accourt et soutient la machine en se brûlant*)

Tenez bon, les copains! Dix ou quinze marches encore et nous sommes à sa porte. Ah! nom de Dieu! c'est trop chaud!

(*Il lâche la machine.*)

TCHOUDAKOV

Impossible de la hisser plus haut. Il ne reste sans doute que quelques secondes. Plus vite! Au moins jusqu'au palier de repos! Lâchez tout!

(Pobedonossikov effectue une sortie rapide en claquant la porte. Il revient y frapper un instant plus tard et Polia l'entrebâille.)

POBEDONOSSIKOV

Il ne faut pas te faire un sang d'encre, bien sûr... N'oublie pas, ma petite Polia, tu es à même de comprendre que seule ta bonne volonté saurait rendre harmonieuse notre vie, la mienne comme la tienne.

POLIA

La mienne! Moi-même ? Ce n'est pas drôle!

POBEDONOSSIKOV

Au fait, j'ai oublié de ranger mon revolver. Je n'en aurai sans doute pas besoin. Tiens, mets-le à sa place, s'il te plaît. N'oublie pas qu'il est chargé et qu'il suffit d'enlever le cran d'arrêt, ça là, en place, pour s'en servir. Adieu, Polia!

(Il referme la porte et colle son oreille contre le trou de la serrure. Mesallianssova apparaît dans l'escalier.)

MESALLIANSSOVA

Tu arrives, mon Nini ?

POBEDONOSSIKOV

Chut!!!

(On entend un bruit, fracas, explosion ou coup de feu. Pobedonossikov ouvre la porte et

bondit dans l'appartement. Un feu d'artifice jaillit du palier intermédiaire. Une femme lumineuse *est brusquement apparue, remplaçant l'appareil, un papier portant des lettres lumineuses dans la main. On distingue le mot « Mandat ». Stupéfaction générale. Optimistenko arrive, un revolver à la main, pieds nus dans ses pantoufles, serrant sa ceinture.*)

OPTIMISTENKO

Où ça ? Qui ça ?

LA FEMME PHOSPHORESCENTE

Bonjour, camarades! Je suis une déléguée de l'an 2030. On m'a branchée pour vingt-quatre heures sur le temps actuel. J'ai peu de temps et des tâches importantes à remplir. Vérifiez mes pouvoirs et diffusez la nouvelle.

OPTIMISTENKO

(*il court vers la déléguée et se plonge dans l'examen des pouvoirs en murmurant*)

« Institut d'histoire de la naissance du communisme... » Bon... « Pleins pouvoirs... » Juste... « Sélectionner les meilleurs... » Très clair... « But : transfert dans le siècle communiste.. » C'est renversant! Jamais vu ça, mon Dieu!

(*Il bondit dans l'escalier. Pobedonossikov apparaît sur le seuil, mécontent.*)

OPTIMISTENKO

Camarade Pobedonossikov, un délégué central veut vous causer.

(*Pobedonossikov retire sa casquette, laisse choir sa valise et fait en hâte un geste d'invi-*

tation vers son appartement après avoir parcouru les pouvoirs d'un regard troublé. Il parle bas, s'adressant d'abord à Optimistenko et à la femme phosphorescente ensuite.)

POBEDONOSSIKOV (*à Optimistenko*)

Donne un coup de fil et demande, tu vois à qui je veux dire, s'il s'agit là d'une chose concevable, si c'est conforme à l'éthique communiste et si un athée peut croire à des phénomènes aussi surnaturels. (*A la femme phosphorescente.*) Bien sûr, je suis déjà au courant de toute cette affaire et toutes les mesures d'assistance nécessaires ont été prises par mes soins. Vos organes dirigeants ont fait preuve d'une pensée profondément cohérente en vous adressant à moi. Ce problème est en ce moment à l'étude en commission, et sera immédiatement coordonné avec vous une fois les indications directrices reçues des instances supérieures. Passez donc directement dans mon cabinet, ne faites pas attention aux traits petits-bourgeois qui pourraient vous frapper, dus au développement culturel inégal des conjoints. (*A Velossipedkine.*) Donnez-vous la peine d'entrer! Je vous l'ai déjà dit, ne vous gênez pas, venez sans prévenir!

(*Pobedonossikov laisse passer la femme phosphorescente qui se refroidit progressivement et prend une apparence normale.*)

POBEDONOSSIKOV
(*à Optimistenko qui arrive en courant*)

Alors, alors ?

OPTIMISTENKO

Ils ont rigolé et dit que ça dépassait les limites de l'esprit humain.

POBEDONOSSIKOV

Ah! ça dépasse les limites! Il faut donc coordonner ça avec le VOKS. Il faut vous expliquer le moindre détail. Incapable d'un peu d'initiative. Camarade Mesallianssova, la sténographie est remise à plus tard. Passez à l'étage au-dessus pour une liaison culturelle immédiate et hors programme.

CINQUIÈME ACTE

Décor du deuxième acte, sens dessus dessous. Une pancarte : « Service de sélection et de transfert dans l'ère communiste. » Mesallianssova, Belvedonski, Ivan Ivanovitch, Kitch, Pobedonossikov, attendent, assis le long du mur. Optimistenko assume le secrétariat et Pobedonossikov déambule avec un air mécontent, une serviette de cuir dans chaque main.

OPTIMISTENKO

Alors, citoyen ?

POBEDONOSSIKOV

Non, ça ne peut pas durer. Je ne laisserai pas l'affaire là. J'en ferai un article dans le journal mural. Absolument! Il faut lutter contre le bureaucratisme et le protectionnisme. J'exige qu'on me laisse passer en priorité!

OPTIMISTENKO

Voyons, camarade Pobedonossikov, du bureaucratisme avant le contrôle, avant la sélection ? Vous n'avez pas besoin de lui parler maintenant. Vous n'avez même pas besoin de faire queue. Quand toute la queue y aura passé, vous n'avez qu'à y aller franco sans faire queue.

POBEDONOSSIKOV

Mais il faut que je la voie à l'instant même!

OPTIMISTENKO

A l'instant même ? Bien sûr, pourquoi pas! Mais votre montre n'est pas coordonnée avec la sienne. Vous pensez bien qu'elle n'a pas le même temps que vous, camarade, vous entrerez sans attendre dès qu'elle me l'aura dit...

POBEDONOSSIKOV

Mais j'ai une foule de problèmes à éclaircir en liaison avec le transfert : le traitement, le logement, etc.

OPTIMISTENKO

Zut! Mais puisque je vous le dis, ne venez donc pas perturber le fonctionnement d'une importante administration avec vos futilités! Nous ne pouvons pas nous pencher sur ces petits détails. L'Etat se consacre à l'étude de problèmes importants : les taylorismes, par exemple, les machines du temps, etc.

IVAN IVANOVITCH

Avez-vous déjà fait queue ? C'est la première fois que je fais queue. C'est extrêmement inintéressant!

(L'ancien cabinet de Pobedonossikov est bourré de monde. C'est le règne de l'enthousiasme et du désordre belliqueux qui accompagnait les premiers jours d'Octobre 1917. La femme phosphorescente parle.)

LA FEMME PHOSPHORESCENTE

Camarades, il ne s'agit cette fois-ci que d'une prise

de contact. Certains d'entre vous travailleront côte à côte avec nous durant des années. Je vous raconterai bien des détails encore qui furent cause de notre joie. Dès que votre expérience fut annoncée, un tour de garde fut mis en place par les savants. Ils vous ont beaucoup aidés en prévoyant et en corrigeant vos erreurs inévitables. Nous avancions les uns au-devant des autres, comme deux équipes attaquant un tunnel par chaque bout, jusqu'à notre rencontre. Vous ne saisissez pas encore vous-mêmes la grandeur de votre action. Nous voyons mieux : sachant ce qui s'est réellement intégré à la vie. J'ai examiné avec étonnement les appartements-boîtes à sardines que l'on restaure soigneusement dans nos musées, j'ai vu aussi d'énormes constructions en acier et les vastes cultures dont nous étudions encore la valeur exemplaire avec reconnaissance comme un exemple concret d'édification et de vie communiste. J'ai longuement regardé des jeunes gars tachés de cambouis et qui n'attirent ici nulle attention. Chez nous, leurs noms sont gravés sur des plaques d'or démonétisé. Aujourd'hui seulement, après un bref aperçu, j'ai pu saisir et comprendre toute la puissance de votre volonté et le fracas montant de cette tempête que vous avez soulevée. forte à devenir notre bonheur et la joie de toute la planète. Avec quelle admiration émue ai-je regardé revivre aujourd'hui les légendes écrites consacrées à votre lutte. cette lutte contre tout un univers en armes de parasites et d'oppresseurs. Tout à votre tâche. vous n'avez pas le temps de prendre du recul pour vous livrer à l'auto-admiration, mais je suis heureuse de vous dire toute votre grandeur.

TCHOUDAKOV

Camarade, excusez-moi de vous interrompre. Mais il ne nous reste plus que six heures de temps humain et il me faut vos dernières instructions. Qui envoie-t-on, dans quelle année, à quelle vitesse ?

LA FEMME PHOSPHORESCENTE

Direction : infini; vitesse : une seconde par an; destination : l'an 2030. La composition et le nombre des transférés sont inconnus. Chez vous, les valeurs n'apparaissent pas clairement, alors que le passé est limpide aux yeux du futur. Au bout de cent ans, on acceptera ceux qui auront tenu. Commencez, camarades! Qui vous accompagnera ?

FOSKINE

Moi!

DVOÏKINE

Moi!

TROÏKINE

Moi!

LA FEMME PHOSPHORESCENTE

Où sont les mathématiciens pour tracer les plans et assurer la direction ?

FOSKINE

C'est nous!

DVOÏKINE

C'est nous!

TROÏKINE

C'est nous!

LA FEMME PHOSPHORESCENTE

Comment, vous êtes ouvriers et mathématiciens à la fois ?

VELOSSIPEDKINE

Très simple! Nous sommes ouvriers et nous faisons nos études en même temps.

LA FEMME PHOSPHORESCENTE

C'est simple pour nous. Mais je ne savais pas si vous trouveriez simple de franchir la transition entre le travail à la chaîne et celui de direction, entre le tire-point et la machine à calculer.

DVOÏKINE

Des transitions, on en a vu bien d'autres, camarade. On est passé des voitures blindées aux briquets, une fois les briquets finis, on est passé aux baïonnettes, quand le stock a été complet, on a fabriqué des tracteurs, et sans s'arrêter de bûcher, encore. Chez nous aussi, beaucoup n'y croyaient pas, mais nous y avons mis fin, à ce manque de confiance dans la classe ouvrière. Vous avez dû commettre une petite erreur dans vos calculs en étudiant notre époque. Vous parlez peut-être de l'année dernière.

LA FEMME PHOSPHORESCENTE

Avec un cerveau qui tourne à la vitesse d'un express, vous n'aurez aucun mal à rejoindre nos rangs et partager notre travail.

VELOSSIPEDKINE

C'est justement ce que nous craignons, camarade. Nous mettrons la machine en marche et, bien entendu, nous partirons si la cellule nous envoie. Mais je vous en prie, si c'est possible, laissez-nous ici. Notre atelier va justement passer au travail en trois équipes. On aimerait tellement savoir si le plan quinquennal sera réalisé en quatre ans. C'est important.

LA FEMME PHOSPHORESCENTE

Je peux seulement vous promettre un arrêt en gare de « 1934 » pour informations. Mais si vos semblables sont nombreux, c'est inutile.

TCHOUDAKOV

Allons-y, camarades.

(*Tchoudakov, Velossipedkine, Dvoïkine, Troïkine, Foskine, passent en courant, des plans entre les mains. Pobedonossikov arrive en queue et Tchoudakov l'écarte d'un geste.*)

POBEDONOSSIKOV

(*gesticulant nerveusement*)

Voyez-vous ça! un Tchoudakov quelconque met à profit son invention, une machine du temps minable, pour faire connaissance de cette femelle, cette « réponse payée », avant moi. Rien ne m'asssure, d'ailleurs, qu'il n'y a pas là une vulgaire affaire de coucherie, une corruption de mœurs. Le sexe et le caractère. Mais oui! mais oui! (*S'adressant à Optimistenko.*) Camarade inférieurement responsable, vous devez comprendre qu'un problème fondamental est en jeu : mon voyage, le voyage d'un militant responsable, placé à la tête d'une administration entière, partant en mission de service pour cent ans!

OPTIMISTENKO

Mais votre voyage n'est pas coordonné!

POBEDONOSSIKOV

Comment ça, pas coordonné ? Mes titres de transport à tarif réduit, mes mandats et mes pouvoirs sont prêts depuis ce matin!

OPTIMISTENKO

Vous voyez bien que c'est pas coordonné avec le Commissariat aux Transports.

POBEDONOSSIKOV

Aller chercher le Commissariat aux Transports! C'est une ânerie sans nom! Comme s'il s'agissait d'un train. Alors que huit chevaux ou quarante hommes font un an par seconde!

OPTIMISTENKO

La proposition est rejetée! Ce n'est pas viable! Jamais personne n'acceptera de partir en mission pour cent ans en voyant que ses frais de déplacement lui seront comptés sur l'indice des secondes!

(Le cabinet de Pobedonossikov)

LA FEMME PHOSPHORESCENTE

Camarades...

POLIA

Je demande la parole! Excusez-moi si je vous importune, je n'ai aucun espoir, bien sûr, ce serait comique! Je voudrais simplement savoir en quoi consiste le socialisme. Le camarade Pobedonossikov m'en a beaucoup parlé, mais ça n'a pas l'air très drôle!

LA FEMME PHOSPHORESCENTE

Vous n'avez plus longtemps à attendre. Vous partirez avec votre mari, vos enfants.

POLIA

Avec mes enfants ? C'est drôle! Je n'ai pas d'enfants. Mon mari dit que notre époque militante n'est pas propice à des éléments d'une inconscience aussi élémentaire... ou alimentaire, je n'ai pas très bien compris.

LA FEMME PHOSPHORESCENTE

Pourquoi le considérez-vous comme votre mari, alors ?

POLIA

Pour bien montrer à tout le monde qu'il est contre la dépravation des mœurs. C'est drôle!

LA FEMME PHOSPHORESCENTE

Je comprends. Il se contente donc de s'occuper de vous afin d'assurer votre subsistance ?

POLIA

Oui. Il s'occupe activement de me priver de tout. Il dit que mon embourgeoisement qui se manifesterait par une nouvelle robe le compromettrait aux yeux des camarades. C'est drôle!

LA FEMME PHOSPHORESCENTE

Ce n'est pas drôle!

(Le bureau s'éteint. Polia passe dans le couloir.)

POBEDONOSSIKOV

Polia ? Toi ici ? Tu es venue te plaindre ? M'accuser ?

POLIA

Me plaindre ? C'est drôle!

POBEDONOSSIKOV

Tu n'as surtout pas oublié de lui raconter comment, coude à coude, nous marchions au soleil du communisme qui se levait ? Comment nous avons lutté contre les mœurs bourgeoises ? Les femmes aiment ce qui est sentimental. Ça lui a plu ? oui ?

POLIA

Ensemble ? C'est drôle!

POBEDONOSSIKOV

Prends garde, Polia! Tu ne dois pas tacher mon honneur de membre du parti de longue date. Tu ne dois pas perdre de vue l'éthique du parti : il faut laver ton linge sale en famille. A propos de linge sale, tu pourrais rentrer à la maison, donner un coup de balai et préparer mes bagages. Je pars. Je suis contre le népotisme et je partirai donc seul pour l'instant. Tu viendras avec tous les autres gens de la famille quand je les ferai venir. Rentre à la maison, Polia, sinon...

POLIA

Sinon quoi ? C'est pas drôle!

(*Le cabinet de Pobedonossikov s'éclaire.*)

LA FEMME PHOSPHORESCENTE

Notre choix est tombé tout à fait par hasard sur

votre établissement; d'ailleurs, les inventions semblent être dues, elles aussi, au hasard. Les meilleurs spécimens d'humanité se trouvent peut-être dans l'établissement où travaillent les Troïkine et les Dvoïkine. Mais, chez vous, on ne peut pas faire un pas sans tomber sur un chantier et on peut prélever ici même de bons exemplaires humains.

UNDERTON

Dites, pouvez-vous m'emmener ?

LA FEMME PHOSPHORESCENTE

Vous êtes d'ici ?

UNDERTON

Pour l'instant je ne suis de nulle part.

LA FEMME PHOSPHORESCENTE

Comment ça ?

UNDERTON

On m'a licenciée.

LA FEMME PHOSPHORESCENTE

Qu'est-ce que ça veut dire ?

UNDERTON

Parce que je mettais du rouge à lèvres.

LA FEMME PHOSPHORESCENTE

A qui ?

UNDERTON

A moi-même.

LA FEMME PHOSPHORESCENTE

Vous n'aviez pas d'autres occupations ?

UNDERTON

Je tapais à la machine. Je prenais en sténo.

LA FEMME PHOSPHORESCENTE

Bien ?

UNDERTON

Bien.

LA FEMME PHOSPHORESCENTE

Alors, pourquoi n'êtes-vous de nulle part ?

UNDERTON

Je mettais du rouge à lèvres.

LA FEMME PHOSPHORESCENTE

A qui ?

UNDERTON

Mais à moi-même!

LA FEMME PHOSPHORESCENTE

Mais qu'est-ce que ça peut leur faire ?

UNDERTON

On m'a licenciée.

LA FEMME PHOSPHORESCENTE

Pourquoi ?

UNDERTON

A cause du rouge à lèvres.

LA FEMME PHOSPHORESCENTE

Pourquoi en mettiez-vous, alors ?

UNDERTON

Sans rouge à lèvres, on ne m'aurait pas embauchée du tout.

LA FEMME PHOSPHORESCENTE

Je ne comprends rien. Si encore vous aviez mis du rouge à lèvres à quelqu'un d'autre, à un visiteur, par exemple, on aurait pu dire qu'il s'agissait d'une perturbation, que les visiteurs étaient mécontents, je ne sais pas, mais là...

UNDERTON

Camarade, il faut m'excuser pour les lèvres. Que voulez-vous que je fasse ? Je n'ai jamais milité dans la clandestinité, j'ai des taches de rousseur sur le nez; ma seule chance d'attirer l'attention, c'est d'utiliser mes lèvres. Si les gens n'ont pas besoin de ça pour être considérés chez vous, laissez-moi voir un instant comment vous vivez, de loin! Vous voulez bien ? Bien sûr, ça doit être plein de gens importants, des gros bras chargés de mérites... de Pobedonossikov. Je ne les dérangerai pas. Laissez-moi y aller... Si je ne fais pas l'affaire, je rentrerai... vous n'aurez qu'à m'expédier. Et puis je peux vous être utile en route, si vous avez des impressions à dicter ou un relevé de dépenses — je peux taper tout ça.

NOTCHKINE

Moi, je tiendrai la comptabilité. J'irai plutôt me dénoncer chez vous, parce qu'ici le temps que les tribunaux y voient clair...

(*Le couloir s'éclaire.*)

POBEDONOSSIKOV

Ecrivez-le, portez-le sur le compte rendu sténographique! Puisqu'il en est ainsi, je dois déclarer que je me décharge de toute responsabilité, dans le cas où une catastrophe se produirait, faute d'avoir étudié la correspondance préalable et d'avoir procédé au choix des cadres d'une façon malheureuse...

OPTIMISTENKO

Ah! pas de ça, hein!... N'essayez pas d'intimider un établissement d'Etat. Ici, on est toujours calme, l'énervement, c'est mauvais. S'il se produisait une catastrophe, nous avertirions la milice, afin que procès-verbal en soit dressé.

(*Notchkine passe en se dissimulant derrière Underton.*)

POBEDONOSSIKOV
(*arrêtant Notchkine et foudroyant Underton du regard*)

Comment ? Encore dans cet établissement ? Encore en liberté ? Camarade Optimistenko, pourquoi n'avez-vous pas pris de mesures ? Mais au fait, puisque vous êtes en liberté, j'ai un travail urgent pour vous, pas de faux-fuyants! Conformément à mes ordres de mission, vous allez calculer mes frais de déplacement et de séjour en vous basant sur la notion normale du temps et du traitement moyen, vous ajouterez les frais de mission et de représentation, etc. Il ne faut pas perdre de vue que nous pouvons tomber en panne et rester coincés dans quelque sinistre semestre pendant vingt ou trente ans, tenez-en compte... On ne peut pas prendre, comme ça, un départ inorganisé...

NOTCHKINE

En attendant, organise-toi pour quitter ton fromage!

(*Il disparaît.*)

IVAN IVANOVITCH

Fromage ? Avez-vous assisté à des réceptions ? Moi, oui. Il y a partout des toasts au jambon, au fromage, au saucisson, c'est extrêmement intéressant!

POBEDONOSSIKOV

(*il reste tout seul et s'étale dans un fauteuil*)

C'est bon, puisqu'il en est ainsi, je pars! Si l'on me traite de la sorte, je dirai que je donne ma démission. Ils pourront toujours m'étudier plus tard, d'après les souvenirs des contemporains et les portraits. Je me retire, mais c'est tant pis pour vous, camarades!

(*Entre la femme phosphorescente.*)

OPTIMISTENKO

On ne reçoit plus! Venez demain. On ne distribue pas de numéros d'ordre.

LA FEMME PHOSPHORESCENTE

Qui est-ce qu'on ne reçoit plus ? Quand demain ? Quels numéros d'ordre ?

OPTIMISTENKO

(*montrant la pancarte « N'entrez pas sans rapport »*)

Conformément aux lois fondamentales.

LA FEMME PHOSPHORESCENTE

Ah! vous avez oublié d'enlever cette stupidité ?

accord avec sa fantaisie. Je dois dire de ma femme, je ne saurais le taire à la face de l'organisation, qu'elle est une petite bourgeoise, inféodée aux modes nouvelles et aux nouvelles liaisons appelées en concomitance mœurs bourgeoises du passé.

LA FEMME PHOSPHORESCENTE

Mais qu'est-ce que ça peut vous faire ? Ils travaillent bien, pourtant, à l'encontre...

POBEDONOSSIKOV

Comment, à l'encontre ? Moi aussi, je suis contre, mais à l'encontre, je ne bois pas, je ne fume pas, je ne donne pas de pourboires, je ne me sucre pas, je n'arrive pas en retard, je ne me (*il lui murmure à l'oreille*) livre pas aux excès, je me dépense et je ne compte pas...

LA FEMME PHOSPHORESCENTE

Tout ça, c'est ce que vous ne faites pas, il y a bien quelque chose que vous faites ?

POBEDONOSSIKOV

Mais bien sûr! Je réalise les directives, je classe les résolutions, j'organise les liaisons, je paye les cotisations du parti, je touche le traitement maximum du parti, je pose ma signature et je mets le tampon. Un vrai îlot de socialisme. Ça doit être drôlement organisé, chez vous, la circulation des papiers, une chaîne automatique, non ?

LA FEMME PHOSPHORESCENTE

Je ne sais pas ce que vous dites, mais il est certain

POBEDONOSSIKOV

(*il saute sur ses pieds et marche à côté de la femme phosphorescente*)

Bonjour, bonjour, camarade. Je m'excuse d'être en retard, mais, vous savez, avec toutes ces tâches... Malgré tout, je suis venu vous voir un instant. J'ai refusé avec insistance, mais personne ne veut rien savoir. Vas-y, m'a-t-on dit, tu seras un digne représentant... Bon, puisque c'est la collectivité qui me le demande, je suis bien obligé de donner mon accord. Seulement, n'oubliez pas que je suis un responsable d'importance centrale et pas un petit bouseux de kolkhoze. Tenez-en compte d'avance et mettez-vous en rapport avec qui de droit. Le camarade Optimistenko peut expédier un télégramme urgent à nos frais. Bien entendu, vous comprenez vous-même qu'il sera nécessaire de m'offrir un poste justifié par mon stage au parti et ma situation publique, en tant que militant en chef dans mon domaine.

LA FEMME PHOSPHORESCENTE

Camarade, je ne place personne à aucun poste, je suis venue ici pour mieux vous convaincre. Sans aucun doute, vous serez traité comme vous le méritez.

POBEDONOSSIKOV

C'est un incognito ? Je comprends! Mais nous sommes des responsables revêtus d'une confiance mutuelle et réciproque. Donc, entre nous, pas de secrets! En tant que camarade chargé d'une plus grande expérience, je dois vous faire remarquer que vous êtes entourée par des personnages déficients. Velossipedkine fume. Tchoudakov boit, sans doute en que le papier pour les journaux arrive bien aux rotatives.

(*Entrent Pont Kitch et Mesallianssova.*)

PONT KITCH

Hum, hum!

MESALLIANSSOVA

Please, sir.

PONT KITCH

Assise, Eve donne argent, fini liquette valeurs par terre mais kilog horlogeation...

MESALLIANSSOVA

Mister Pont Kitch veut dire qu'il peut racheter à un prix d'Etat équitable toutes les horloges, vu leur inutilité complète, et qu'il croirait alors au communisme.

LA FEMME PHOSPHORESCENTE

C'est clair sans traduction. La reconnaissance diplomatique d'abord, les profits ensuite! Camarades! Soyez à l'heure, le premier train du temps arrivera exactement à douze heures à la gare de l'an 2030.

SIXIÈME ACTE

La scène se passe dans la cave de Tchoudakov. Ce dernier, Foskine, Velossipedkine, Dvoïkine, s'affairent autour de la machine invisible. La femme phosphorescente contrôle la machine plan en main. Troïkine monte la garde à la porte.

LA FEMME PHOSPHORESCENTE

Camarade Foskine! Mettez des ailerons de direction ordinaires. Le plan quinquennal a donné l'habitude du rythme et de la vitesse. La transition sera à peine sensible.

FOSKINE

Je vais changer la vitre. Un demi-millimètre. Incassable.

LA FEMME PHOSPHORESCENTE

Camarade Dvoïkine! Vérifiez la suspension. Attention aux secousses des jours de fête. Les « trois-huit » au rythme soutenu nous ont habitués au confort.

DVOÏKINE

Tout se passera bien si les bouteilles de vodka ne traînent pas sur notre chemin.

LA FEMME PHOSPHORESCENTE

Camarade Velossipedkine! Surveillez le manomètre de la discipline. Ceux qui dévient seront arrachés et emportés.

VELOSSIPEDKINE

Soyez tranquille, on les mettra au pas!

LA FEMME PHOSPHORESCENTE

Camarade Tchoudakov, tout est prêt ?

TCHOUDAKOV

Je mesure le point de départ et on peut partir.

(*Le rouleau blanc d'un mètre souple est déroulé entre les roues de la machine invisible.*)

VELOSSIPEDKINE

Troïkine, mets en marche!

(*Les passagers arrivent sur la scène de toutes parts en portant des banderoles et en chantant la marche du temps.*)

LA MARCHE DU TEMPS

Plane, chanson,
sur notre tête,
Sur nos
bataillons rouges!
Temps,
en
avant!
Temps,
en
avant!

Va mon pays;
hardi,
chantant.
Efface les vieilleries!
Temps,
en
avant!
Temps,
en
avant!
Vite, mon pays,
pays aimé,
La commune nous attend!
Temps,
en
avant!
Temps,
en
avant!
Plan
et prime
et rendement
Nous gagneront un an!
Temps,
en
avant!
Temps,
en
avant!
Vite, mon pays,
Il faut lancer
Le travail
en trois-huit!

Temps,
en
avant!
Temps,
en
avant!
Frappe fort,
commune,
Sur les coutumes,
Les mœurs du bon vieux temps!
Temps,
en
avant!
Temps,
en
avant!
Plane, chanson,
sur notre tête,
Sur nos
bataillons rouges!
Temps,
en
avant!
Temps,
en
avant!

OPTIMISTENKO
(*sortant de la foule, il va vers Tchoudakov*)

Camarade, je dois vous demander confidentiellement, le buffet a-t-il été prévu? Je m'en doutais! On aurait pu prévoir une instruction écrite. Vous avez oublié ? Bon, ça ne fait rien, il y aura assez à boire;

pour manger, on se débrouillera. Venez donc dans notre compartiment. Où sont-elles, les places ?

TCHOUDAKOV

Restons tous groupés, épaule contre épaule. Les fatigues ne sont pas à craindre, un seul tour de cette roue et une seconde plus tard...

POBEDONOSSIKOV
(*il entre, flanqué de Mesallianssova*)

Le signal du départ n'est pas encore donné ? Vous pouvez y aller. Inutile d'attendre. (*A Dvoïkine.*) Camarade, es-tu membre du parti ? Oui ? Je te demande ça en camarade, donne-moi la main pour porter mes bagages. Il y a des documents d'une importance capitale, je ne te dis que ça! On ne peut absolument pas les confier à des porteurs sans parti qui font ça pour de l'argent. Mais à toi, issu d'une promotion ouvrière, je les confie sans crainte, — vas-y, porte-les! Où est le directeur principal de l'embarquement ? Où est mon compartiment ? On m'a réservé la couchette inférieure, je pense...

LA FEMME PHOSPHORESCENTE

La machine du temps ne dispose pas encore d'un équipement parfaitement au point. Pionnier de ce nouveau mode de transport, vous vous trouvez dans la nécessité de rester avec tous les autres.

POBEDONOSSIKOV

Les pionniers ? Je ne vois pas le rapport! Le rassemblement des pionniers est clos, veuillez ne plus jamais me gâcher la vie avec des histoires de pionniers. Cette campagne est terminée! Puisque c'est comme ça, je ne pars pas! C'est insupportable! Il serait temps, enfin, d'apprendre à veiller sur la vieille garde, sinon, je la quitterai! Et puis, enfin, j'exige une compensation pour mon congé que je n'ai pu utiliser! Bref, où sont mes bagages ?

(Dvoïkine pousse devant lui un chariot où on a empilé ballots de papiers, cartons à chapeaux, serviettes de cuir, fusils de chasse et la malle-armoire de Mesallianssova. Quatre setters sont attachés aux coins du chariot. Belvedonski suit derrière avec une valise, une caisse des pinceaux et un portrait.)

LA FEMME PHOSPHORESCENTE

Camarade, c'est un bazar ?

OPTIMISTENKO

Pas du tout, c'est un tout petit embourgeoisement.

LA FEMME PHOSPHORESCENTE

Vous n'en aurez nul besoin! Laissez-en une partie, au moins!

OPTIMISTENKO

Bien sûr, camarade, vous l'enverrez par la poste.

POBEDONOSSIKOV

Pas d'observations, s'il vous plaît! Accrochez un journal mural et mettez-y ce qui vous plaira. Je dois fournir circulaires, feuilles de route, duplicata, thèses, surduplicata, additifs, extraits, renseignements, fiches, résolutions, comptes rendus, protocoles de séance et autres pièces justificatives en présentant ne fût-ce que des chiens à conviction. J'aurais pu demander un wagon-*bis* complémentaire, mais m'en suis abstenu, conformément à la modestie de ma vie privée. N'oubliez jamais qu'en politique il faut voir loin, cela vous sera d'une utilité très grande par la suite. Quand on aura mis à ma disposition le personnel nécessaire, j'élargirai mon administration à l'échelle mondiale. En augmentant les effectifs, j'agirai à l'échelle interplanétaire. J'espère que vous n'avez pas l'intention de désorganiser la planète en lui supprimant son administration ?

OPTIMISTENKO
(*à la femme phosphorescente*)

Ne protestez pas, citoyenne, ce serait un coup dur pour la planète.

LA FEMME PHOSPHORESCENTE

Bon, allez-y, mais remuez-vous vite!

POBEDONOSSIKOV

Veuillez ne pas sortir de votre compétence. C'en est trop! Veuillez ne pas oublier que ces hommes sont à moi et c'est moi qui suis le superarchidirigeant en chef tant qu'on ne m'a pas déplacé. J'en ai par-dessus la tête! Je protesterai, j'enverrai des réclamations contre toutes les actions de tout le monde sans exception dès que je tiendrai les rênes! Place, camarades! Par ici, les bagages. Où est la serviette en cuir de jeune veau beurre frais avec mon monogramme ? Optimistenko, allez voir! Soyez tranquille, on vous attendra! J'arrête le train pour raison d'Etat et il ne s'agit pas de rigoler!

(*Optimistenko part en courant et tombe sur Polia qui arrive avec la serviette.*)

POLIA

Quand tu auras fini de grogner! Je mettais de l'ordre dans la maison, comme tu m'avais dit, oui, oui, je m'y remets tout de suite, et je vois tout à coup que tu as oublié ça. J'ai pensé que c'était important! C'est drôle! Alors, la voici, tiens!

(*Elle lui passe la serviette.*)

POBEDONOSSIKOV

Je prends la serviette et je prends en considération. Il faut rappeler ces choses-là en temps opportun. La prochaine fois, j'y verrai un manquement grave et un affaiblissement de la discipline conjugale. Porteurs, sortez! Adieu, Polia! Une fois installé, je t'enverrai le tiers d'un traitement inconnu, conformément à la pratique juridique tant que cette législation ne sera pas périmée.

PONT KITCH (*il entre et s'arrête*)

Hum, hum!

MESALLIANSSOVA

Please, sir!

PONT KITCH

Boire jus de minutes, et aime planter cartes...

MESALLIANSSOVA

Mister Pont Kitch veut dire et dit qu'il n'a pas de titre de transport parce qu'il ne savait pas s'il fallait une carte des chemins de fer ou une carte du parti, mais qu'il était prêt à s'intégrer au socialisme si ça lui rapportait...

OPTIMISTENKO

Please, please, sir. On discutera le bout de gras en route.

IVAN IVANOVITCH

Acceptez mon salut! Vivent nos réalisations comme les vôtres! Un ultime effort, et tout sera dépassé. Avez-vous vu le socialisme ? Je vais tout de suite voir le socialisme, c'est extrêmement intéressant.

POBEDONOSSIKOV

Ainsi, camarades... Où et pourquoi nous sommes-nous arrêtés ?

UNDERTON

Nous nous sommes arrêtés à « Ainsi, camarades... »

POBEDONOSSIKOV

Oui! Je demande la parole! Je prends la parole! Ainsi, camarades, nous traversons une époque où un appareil du temps a été inventé au sein de mon appareil d'Etat. Cet appareil qui émancipe le temps a été inventé dans mon appareil précisément parce que mon appareil avait à sa disposition tout le temps libre nécessaire. L'évolution de la situation actuelle se caractérise par le fait qu'elle n'évolue pas. Et comme on ne sait où trouver le commencement et où saisir la fin d'une évolution qui n'évolue pas, je commencerai par la conclusion pour terminer par l'introduction. L'appareil est sans pareil, cet appareil m'émerveille, moi et mon appareil, nous sommes émerveillés, pouvant, lors de notre départ en congé annuel, arrêter le cours de l'année, ce qui nous permet de passer deux ans en vacances tous les ans. Au contraire, à l'heure actuelle, nous touchons notre traitement un jour par mois, mais, si nous pouvons faire entrer un mois entier dans une seule journée, nous pourrons donc toucher notre traitement tous les jours du mois. Ainsi, camarades...

DES VOIX

— Assez!
— Sortez-le!
— Arrête ton catéchisme!
— Tchoudakov, visse-lui le temps!

(*Tchoudakov donne un tour de vis à Pobedonossikov, qui continue de gesticuler sans être entendu.*)

OPTIMISTENKO

A mon tour, je prends la parole à la première personne, au nom de toutes les personnes présentes, pour vous dire en personne que la personnalité du chef de notre établissement nous importe peu, parce que nous ne respectons que les personnes qui, une fois en place, ne bougent pas plus qu'une souche. Mais je dirai, sans faire acception de personnes, que tout le personnel est entièrement satisfait de vous voir accepter en personne la direction de l'établissement. Pour cette raison, au nom de toutes les personnes présentes, je vous présente cette montre, sûr qu'elle complétera parfaitement votre personnalité, car cette montre tictacante vous sied particulièrement, en tant que personne qui se trouve à la tête...

DES VOIX

— Enlevez-le!

— Fermez-lui son clapet!
— Bloque-lui son robinet, Tchoudakov!

(Tchoudakov visse Optimistenko, qui continue de gesticuler, mais on ne l'entend pas non plus.)

LA FEMME PHOSPHORESCENTE

Camarades! Au premier signal, nous partons vers l'avenir, échappant à un temps décrépit. Pour y parvenir, il suffit d'un seul trait partagé avec la collectivité de la commune, que ce soit joie de travailler ou joie de se donner, appétit ardent d'inventer ou se sentir fier de l'homme. Multiplions par dix nos pas quinquennaux. Faisons bloc, serrés l'un contre l'autre. Le temps qui fuit balayera le ballast alourdi par les débris inutiles, le ballast des fruits secs incrédules.

POBEDONOSSIKOV

Recule-toi, Polia!

NOTCHKINE
(il entre en courant, pousuivi par un milicien)

Ah! si je pouvais arriver jusqu'au socialisme, là-bas, on y verrait clair!

LE MILICIEN
(il le rattrape en sifflant)

Arrêtez-le!

(Ils sautent dans la machine.)

LA FEMME PHOSPHORESCENTE

Un, deux, trois!

(Explosion, feux de Bengale! « La marche du temps. » Obscurité. Pobedonossikov, Optimistenko, Belvedonski, Mesallianssova, Pont Kitch, Ivan Ivanovitch se retrouvent sur la scène, vomis et éparpillés par la diabolique machine du temps.)

OPTIMISTENKO

Tout le monde descend!

POBEDONOSSIKOV

Pauline, Polia! Tâte-moi, regarde-moi de tous les côtés. Je crois qu'une roue du temps m'est passée dessus. Pauline!... Ils l'ont emmenée ? Il faut les arrêter, les rattraper, les dépasser! Quelle heure est-il ?

(Il regarde la montre qui lui avait été offerte.)

OPTIMISTENKO

Rendez la montre, citoyen, rendez-la! Un vulgaire pot de vin en tant que tel ne sied pas à votre personne, dans la mesure où mon salaire mensuel y a été personnellement investi au nom de tout le personnel. Nous trouverons bien une autre personne pour lui offrir la montre et la respecter.

IVAN IVANOVITCH

On ne fait pas d'omelette sans casser des œufs. Petits et grands défauts du mécanisme. Il faut attirer l'attention de l'opinion publique soviétique. C'est extrêmement intéressant!

POBEDONOSSIKOV

Peintre, voici l'instant, immortalise un homme en vie outragé à mort!

BELVEDONSKI

N-o-o-n! Vous êtes placé dans une perspective malheureuse. Il faut voir un modèle dans la perspective d'un canard qui regarde un balcon. Je n'obtiens un effet pleinement artistique que de bas en haut.

POBEDONOSSIKOV (*à Mesallianssova*)

Bon, bon, qu'ils essayent de naviguer sans boussole et sans voile! Je regagne ma vie privée pour écrire mes mémoires. Viens, je reste avec toi, ton fidèle Nini!

MESALLIANSSOVA

Nini, c'est fini! Vous n'avez rien su organiser, ni le socialisme, ni une femme. Allez donc, imp...osant petit personnage, vous vous posez un peu là! *Good bye*, adieu, *aufwiedersehen, dosvidania!!! Please, my Kiki, my Popo!*

(*Elle s'en va avec Pont Kitch.*)

POBEDONOSSIKOV

Que vouliez-vous dire tous, et elle, et vous, et l'auteur, — que moi et mes pareils nous sommes inutiles au socialisme ?

FIN

1929-1930.

Mots d'ordre pour orner la salle et la scène pendant les représentations de *La Grande Lessive* (1)

(*Sur la scène*)

Enfermez-vous,
psychologues,
Dans vos cages-appartements.
Le théâtre est une arène
Pour la propagande
du plan.

A bas
les pontifes de l'art,
Chevelus et hilares!
Les artistes, les vrais,
vont construire la commune
Avec les communards.

En avant
sans débrayer!

(1) *Nous citons ici les mots d'ordre, écrits par Maïakovski à l'occasion du spectacle ou tirés de ses poèmes, qui exprimaient les conceptions esthétiques de l'auteur.*

En avant
sans arrêt!
Le plan quinquennal en quatre ans!

(*Sur les balcons*)

A bas les psychologues et les anatomistes!
Théâtre, mets-toi au service de la propagande communiste!

La commune est longue et dure à construire,
La plume de l'écrivain aidera à bâtir.

L'art de droite devient arrogant,
Artistes prolétariens, serrez les rangs!

Metteur en scène, jette oripeaux et chiffons!
En communiste, rebâtis la vie, à fond!

(*Sur les murs de l'orchestre*)

Queue de martre du peintre,
Balai de l'ouvrier,
Nettoyez,
lessivez,
balayez
Le bureaucrate!

Un remède de cheval
qui opère à merveille
Pour soigner les propos
de bouche à oreille :
La médecine interne
de l'autocritique
Mettra fin à toutes
vos internes coliques.

Illuminez la rampe,
donnez les projecteurs!
Eperonnez l'action,
qu'elle fuie au galop!
Le théâtre n'est pas
un miroir maraudeur,
C'est une loupe qui grossit,
une lentille sans halo.

« Un spectacle excellent, —
murmurent quelques-uns, —
Mais les masses ouvrières
n'en comprennent pas le quart. »
Votre moue dédaigneuse,
mettez-la au rancart!
Car les masses suivent l'action
sans embarras aucun.

(*Mots d'ordre pour les rubans du tableau final*)

Portez la hache sur les racines
Et les rameaux du capital!
Faites tourner les usines
Au rythme du plan quinquennal!
La machine du temps vous attend!

Vite, mon pays,
pays aimé,
La commune vous attend!
Temps,
en
avant!
Temps,
en
avant!

TABLE

Dans la collection
Les Cahiers Rouges

Joseph d'Arbaud	*La Bête du Vaccarès*
Marguerite Audoux	*Marie-Claire*
Marguerite Audoux	*L'Atelier de Marie-Claire*
Marcel Aymé	*Clérambard*
Béatrix Beck	*La Décharge*
Béatrix Beck	*Josée dite Nancy*
Emmanuel Berl	*Rachel et autres grâces*
Ambrose Bierce	*Histoires impossibles*
Ambrose Bierce	*Morts violentes*
André Breton, Lise Deharme, Julien Gracq, Jean Tardieu	*Farouche à quatre feuilles*
Charles Bukowski	*Le Postier*
Charles Bukowski	*L'amour est un chien de l'enfer*
Erskine Caldwell	*Une lampe, le soir...*
Blaise Cendrars	*Moravagine*
Blaise Cendrars	*La Vie dangereuse*
André Chamson	*L'Auberge de l'abîme*
Jacques Chardonne	*Claire*
Jacques Chardonne	*Lettres à Roger Nimier*
Jacques Chardonne	*Vivre à Madère*
Alphonse de Châteaubriant	*La Brière*
Bruce Chatwin	*En Patagonie*
Hugo Claus	*La Chasse aux canards*
Jean Cocteau	*Journal d'un inconnu*
Jean Cocteau	*Portraits-Souvenir*
Jean Cocteau	*La Corrida du Premier Mai*
Léon Daudet	*Les Morticoles*
Salvador Dali	*Les Cocus du vieil art moderne*
Joseph Delteil	*Choléra*
Joseph Delteil	*Sur le fleuve Amour*
Joseph Delteil	*Les Poilus*
André Dhôtel	*Le Ciel du faubourg*
Ferreira de Castro	*Forêt vierge*

Maurice Genevoix	*La Boîte à pêche*
Jean Giono	*Mort d'un personnage*
Jean Giono	*Naissance de l'Odyssée*
Jean Giraudoux	*Bella*
Jean Giraudoux	*Siegfried et le Limousin*
Ernst Glaeser	*Le Dernier Civil*
Louis Guilloux	*La Maison du peuple*
Louis Guilloux	*Dossier confidentiel*
Kléber Haedens	*Adios*
Kléber Haedens	*L'été finit sous les tilleuls*
Kléber Haedens	*Une histoire de la littérature française*
Knut Hamsun	*Vagabonds*
Joseph Heller	*Catch 22*
Louis Hémon	*Battling Malone pugiliste*
Louis Hémon	*Monsieur Ripois et la Némésis*
Hermann Hesse	*Siddhartha*
Panaït Istrati	*Les Chardons du Baragan*
Pascal Jardin	*La Guerre à neuf ans*
Franz Kafka	*Tentation au village*
Jacques Laurent	*Le Petit Canard*
Le Golif	*Borgnefesse*
G. Lenotre	*La Révolution par ceux qui l'ont vue*
G. Lenotre	*Sous le bonnet rouge*
Primo Levi	*La Trêve*
Pierre Mac Orlan	*Marguerite de la nuit*
Vladimir Maïakovski	*Théâtre*
Norman Mailer	*Un rêve américain*
Norman Mailer	*Pourquoi sommes-nous au Vietnam?*
André Malraux	*La Tentation de l'Occident*
Heinrich Mann	*Professeur Unrat (l'Ange bleu)*
Thomas Mann	*Altesse royale*
Thomas Mann	*Sang réservé*
François Mauriac	*Les Anges noirs*
François Mauriac	*La Pharisienne*
Paul Morand	*Lewis et Irène*
Paul Morand	*L'Europe galante*
Paul Morand	*Magie noire*
Paul Morand	*Air indien*
Paul Morand	*Bouddha vivant*
Vladimir Nabokov	*Chambre obscure*
Irène Némirovsky	*David Golder*
Irène Némirovsky	*Le Bal*
Irène Némirovsky	*Les Mouches d'automne*
Paul Nizan	*Antoine Bloyé*
François Nourissier	*Un petit bourgeois*
René de Obaldia	*Le Centenaire*

Joseph Peyré	*L'Escadron blanc*
Joseph Peyré	*Sang et Lumières*
Charles-Louis Philippe	*Bubu de Montparnasse*
Henry Poulaille	*Le Pain quotidien*
John Cowper Powys	*Camp retranché*
André Pieyre de Mandiargues	*Feu de braise*
Charles-Ferdinand Ramuz	*Aline*
Charles-Ferdinand Ramuz	*Derborence*
Charles-Ferdinand Ramuz	*La Grande Peur dans la montagne*
Jean-François Revel	*Sur Proust*
André de Richaud	*La Barette rouge*
André de Richaud	*L'Étrange visiteur*
André de Richaud	*La Douleur*
Rainer-Maria Rilke	*Lettres à un jeune poète*
Marthe Robert	*L'Ancien et le Nouveau*
Mark Rutherford	*Autobiographie*
Maurice Sachs	*Au temps du Bœuf sur le toit*
Leonardo Sciascia	*Du côté des infidèles*
Leonardo Sciascia	*Pirandello et la Sicile*
Victor Serge	*S'il est minuit dans le siècle*
Ignazio Silone	*Une poignée de mûres*
Philippe Soupault	*Poèmes et Poésies*
Roger Vailland	*Éloge du cardinal de Bernis*
Mary Webb	*Sarn*
Kenneth White	*Lettres de Gourgounel*
Walt Whitman	*Feuilles d'herbe*
Stefan Zweig	*Le Chandelier enterré*
Stefan Zweig	*La Peur*
Stefan Zweig	*La Pitié dangereuse*
Stefan Zweig	*Brûlant Secret*
Stefan Zweig	*Érasme*

Cet ouvrage a été reproduit
par procédé photomécanique
et réalisé sur
Système Cameron
par la SOCIÉTÉ NOUVELLE FIRMIN-DIDOT
Mesnil-sur-l'Estrée
pour le compte des Éditions Grasset
le 7 novembre 1989

Imprimé en France
Dépôt légal : novembre 1989
N° d'édition : 8057 – N° d'impression : 13148
ISBN 2-246-17322-1
ISSN 0756-7170